Esther Girsberger

Abgewählt
Frauen an der Macht
leben gefährlich

mit Porträts von Sabina Bobst

Xanthippe Verlag

2. Auflage 2004
Alle Rechte vorbehalten
© Xanthippe Verlag, Zürich 2004
Lektorat: Katharina Blarer, Zürich
Korrektorat: Thomas Basler, Winterthur
Umschlagfotos: Sabina Bobst, Zürich
Umschlaggestaltung: Büro4, Zürich
Satz und Druck: Fotorotar AG, Egg
ISBN 3 9522868 2 6

Inhalt

Vorwort 7

Elisabeth Kopp – «Ich befürchte, es wird noch lange dauern, bis wir den Menschen mit seinen Eigenschaften sehen und schätzen, unabhängig davon, ob er sich typisch ‹weiblich› oder typisch ‹männlich› verhält.» 14

Leni Robert – «Ein Vorteil der Unabhängigkeit von uns Frauen war, dass dadurch die Machtstrukturen der Männer erstmals so richtig sichtbar wurden.» 32

Roselyne Crausaz – «Die Frauen sind berechnender geworden. Das ist leider auch nötig.» 46

Veronica Schaller – «Ich habe die Beobachtung gemacht, dass Frauen, einmal gewählt, mehr arbeiten als politisieren.» 60

Odile Montavon – «Ankündigungspolitik liegt den Frauen weniger. Sie machen weniger Aufhebens um ihre Arbeit, ihre Ideen, ihre Dossiers.» 74

Stéphanie Mörikofer – «Im Grunde genommen ist die erste Generation von Regierungsrätinnen wegen Eigenschaften gewählt worden, aufgrund deren sie nachher häufig wieder abgewählt worden ist.» 90

Anita Rion – «Entweder ist man der Grossmutter- oder aber der Karrieretyp. Für die Mitte gibt es keinen Platz.» 110

Rita Roos – «Frauen werden immer noch häufig benutzt, um das Image der Partei im Sinne von Frauenfreundlichkeit und Modernität aufzubessern.» 122

Francine Jeanprêtre – «Ein Grund, warum Exekutivpolitikerinnen so oft scheitern, liegt meines Erachtens in den übersteigerten Erwartungen an sie, denen zwangsläufig Enttäuschungen folgen.» 136

Margrit Fischer – «Als Frau haben Sie immer einen schwereren Stand. Wenn Sie bestimmte Dinge sagen, müssen Sie sie vielleicht dreimal wiederholen. Bei einem Mann wird es beim ersten Mal gehört.» 152

Lilian Uchtenhagen – «Der Konkurrenzkampf mit den Männern ist in der Politik nach wie vor weniger gross als in der Wirtschaft. Erst wenn es um die hohen Ämter geht, die sich auch finanziell rentieren, greift der harte Wettbewerb.» 168

Christine Beerli – «Frauen taktieren weniger. Wenn sie etwas für richtig halten, dann machen sie es, ungeachtet dessen, ob es ihnen gerade nützt oder nicht.» 178

Kommentar 193

Anmerkungen 219

Anhang 225

Vorwort

Warum werden Frauen in der Exekutivpolitik abgewählt? Spielen andere Mechanismen als bei Männern? Ist die Schweiz noch nicht bereit, Frauen in hohen politischen Ämtern vorurteilslos zu begegnen? Oder machen Frauen überdurchschnittlich häufig Fehler, sodass ihre Abwahl gerechtfertigt ist? Das vorliegende Buch versucht, diesen Fragen aus Sicht der betroffenen Frauen nachzugehen, indem sie selber in Interviews zu Wort kommen.

Ausgangspunkt für dieses Buch waren die Ereignisse vom 10. Dezember 2003. An diesem Tag wurde die amtierende CVP-Bundesrätin Ruth Metzler-Arnold zugunsten von SVP-Nationalrat Christoph Blocher abgewählt.[1] In derselben Bundesratswahl wurde der zurücktretende Finanzminister Kaspar Villiger nicht durch seine Parteikollegin und offizielle Bundesratskandidatin Christine Beerli ersetzt, sondern durch den zweiten von der Partei aufgestellten Anwärter, Hans-Rudolf Merz. Somit präsentierte sich die siebenköpfige Landesregierung ab dem 1. Januar 2004 mit sechs Männern und einer Frau – Micheline Calmy-Rey. Tausende von Frauen demonstrierten nach diesem Ereignis und gaben ihrer Enttäuschung über die Abwahl beziehungsweise Nichtwahl der beiden Frauen lautstark Ausdruck.

Die Bundesratswahl vom 10. Dezember war eine Richtungswahl. Nicht das Geschlecht stand im Vordergrund, sondern die politische Ausrichtung der Landesregierung. Der SVP stand entsprechend ihrem Wähleranteil schon seit Jahren ein zweiter Bundesratssitz zu, den sie am 10. Dezember zulasten der übervertretenen CVP auch gewinnen konnte. Auch bei der Besetzung des frei werdenden zweiten FDP-Sitzes ging es nicht in erster Linie darum, eine Frau zu wählen, sondern die Landesregierung in ihrer neuen Besetzung auf einen stramm bürgerlichen Kurs (zurück) zu bringen. Vom Wahlprozedere her stand die Wiederwahl von Ruth Metzler-Arnold vor der Wiederwahl ihres CVP-Kollegen Joseph Deiss an.

Der Anspruch der SVP wurde bei der Bundesratswahl 2003 erfüllt – und zwar, als das erste CVP-Regierungsmitglied zur Wiederwahl stand. Ruth Metzler nahm sich nach der Bestätigung ihres Parteikollegen Joseph Deiss selbst aus dem Rennen und verzichtete in den folgenden Wahlgängen auf eine Wiederkandidatur.

Spielte die Frauenfrage an diesem 10. Dezember tatsächlich keine Rolle? Ist es nicht generell so, dass eine Frau – ob in Politik oder Wirtschaft – eher «geopfert» wird als ein Mann? Kommen bei der Besetzung von Kaderpositionen nicht doch Kriterien ins Spiel, die einer Frau den Weg an die Spitze erschweren?

Frauen in Spitzenpositionen von Grossunternehmen sind so selten, dass sich eine nähere Untersuchung ihrer Nomination oder Absetzung (noch) nicht lohnt. Bei den Exekutivfrauen der Politik sieht es etwas anders aus: Seit Frauen rein theoretisch in eine Regierung gewählt werden können, nämlich seit der Einführung des Frauenstimmrechts im Jahr 1971, sind auf Bundesebene von 3 ehemaligen Bundesrätinnen 2 unfreiwillig zurückgetreten: Elisabeth Kopp (FDP) im Jahre 1989 und Ruth Metzler-Arnold (CVP) im Jahre 2003. Auf kantonaler Ebene sieht die Situation folgendermassen aus: Von insgesamt 21 ehemaligen Regierungsrätinnen (beziehungsweise Staatsrätinnen, wie sie in der Romandie genannt werden) sind 9 unfreiwillig zurückgetreten, das ist beinahe die Hälfte. Eine andere Betrachtung: In den letzten fünf Legislaturperioden (1984–1987, 1988–1991, 1992–1995, 1996–1999, 2000–2003)[2] sind von gesamtschweizerisch 96 gewählten und wieder gewählten Regierungsrätinnen 9 abgewählt worden, also 9,4 Prozent. Demgegenüber sind in der gleichen Zeitspanne von insgesamt 724 in den Regierungsrat gewählten und wieder gewählten Männern 20 abgewählt worden, was 2,8 Prozent entspricht.[3]

Jeder einzelne Fall ist selbstverständlich anders gelagert, und zweifellos lassen sich jeweils auch gute Gründe für die Abwahl finden. Wissenschaftlich ist es nicht möglich, die Frage zu beantworten, inwieweit die Abwahl von Frauen mit ihrem Geschlecht zu tun hat. Aber die Aussagen der Frauen, die in den Interviews zu Wort kommen, machen sehr wohl deutlich, dass ihre Abwahl beziehungsweise Nichtwahl auch damit zu tun hat, dass man Frauen zurückhaltender begegnet und eine Abwahl eher die Frau als den Mann trifft. Ein Kommentar im Anschluss an die zwölf Interviews versucht, sich der Frage nach dem Warum anzunähern und zu untersuchen, ob andere Verhaltensweisen von Frauen und Männern die Abwahl weiblicher Exekutivmitglieder verhindern könnten.

Mein Dank geht an alle Frauen, die sich für die Interviews zur Verfügung gestellt haben. Ruth Metzler-Arnold war zwar zu einem Gespräch, nicht aber zu einem Interview bereit mit der Begründung, sie habe die hier aufgeworfenen Fragen bereits in ihrem eigenen Buch beantwortet. Ich habe die ehemalige Bundesrätin mit den Thesen konfrontiert, die ich nach der Interpretation der Interviews formuliert habe. Ruth Metzler-Arnolds Aussagen dazu sind in den Kommentar am Ende des Buches eingeflossen.

Elisabeth Kopp
Bundesrätin
von 1984 bis 1989

Elisabeth Kopp bei der Vereidigung zur ersten Bundesrätin der Eidgenossenschaft am 2. September 1984

x x x x x x x x x x x x x x x x x x x x x x x x x x x x x x x

Elisabeth Kopp-Iklé, geboren 1936, verheiratet, eine Tochter. Schulen in Muri (Kt. Bern) und städtisches Gymnasium Bern. 1958 Mitglied der Schweizer Armee als Sanitätsfahrerin im Militärischen Frauendienst. 1956–1958 Ungarnhilfe, Auszeichnung durch die Regierung von Ungarn und das Rektorat der Universität Zürich. 1960 Abschluss des Jura-Studiums mit dem Lizentiat. 1970–1984 Gemeinderätin und später Gemeinderatspräsidentin von Zumikon im Kanton Zürich. 1979 als FDP-Vertreterin in den Nationalrat gewählt. 1984–1989 Vorsteherin des Eidgenössischen Justiz- und Polizeidepartementes. Nach dem Rücktritt unter anderem Leitung einer Expertengruppe zur Ausarbeitung eines Verfassungsentwurfs für Jugoslawien. Vortragstätigkeit. Diverse Zeitungsartikel und Buchbeiträge. Das Gespräch mit Elisabeth Kopp fand am 8. Juli 2004 in Zürich statt.

Frau Kopp, fünfzehn Jahre nach Ihrem Rücktritt aus dem Bundesrat werden Sie immer noch durch Kampagnen in der Boulevardpresse angegriffen. Wären Sie heute noch ein Thema, wenn Sie ein Mann wären?
Die Boulevardpresse schreibt, was sie verkaufen zu können glaubt. Sie weiss, dass viele Menschen an meinem Schicksal Anteil nehmen. Es ist ihnen nicht gleichgültig, was mit der ersten Frau im Bundesrat geschehen ist und immer noch geschieht.

Würden Sie in Anbetracht der Folgen noch einmal für den Bundesrat kandidieren?
Wenn ich allein stehend wäre, ja. Mit einer Familie nicht.

Warum nicht?
Weil mir das Risiko für meine Angehörigen zu gross wäre. Unsere Tochter wurde viermal – dreimal auf eine Bewerbung als Jugendanwältin hin – abgelehnt, weil man niemanden mit dem Namen Kopp wollte.

Wurde das offen als Grund angegeben?
In einem Fall, ja. In den anderen Fällen war es nur offensichtlich.

Warum ist es so reizvoll, Sie nach wie vor anzugreifen?
Meines Erachtens hat es damit zu tun, dass die absurden Verdächtigungen und Anwürfe, welche schliesslich zu meinem Rücktritt führten, sich im

Nachhinein als falsch erwiesen haben. Dies offen einzugestehen, fällt offenbar schwer. Auch der «Tages-Anzeiger», der die ganze «Geldwäschereiaffäre» erfunden hatte, hat es bis heute nicht für nötig befunden, sich bei uns zu entschuldigen. Offensichtlich ziehen es gewisse Medien vor, mir auch heute noch möglichst viel Dreck nachzuwerfen, um «nachzuweisen», dass sie eigentlich doch Recht hatten. Übel genommen hat man mir wohl auch, dass ich nie den Kopf eingezogen habe.

Immerhin hat die Philosophin Jeanne Hersch ein Buch über Ihren Fall geschrieben.
Jeanne Hersch war eben eine Frau mit Mut und Rückgrat. Und sie war zutiefst der Wahrheit verpflichtet. Nicht nur mir ist es bis heute unverständlich, wie ein Land, das für Vernunft und Augenmass bekannt ist, in eine derartige kollektive Hysterie verfallen konnte.

Während Ihrer Amtszeit wurden Sie von allen Seiten gelobt. War das so, weil Sie die erste Frau in der Regierung waren?
Das glaube ich nicht. Aber es hat viele überrascht, wie ich Probleme anpackte. Die Bundeshausjournalisten haben die Bundesräte periodisch nach Kriterien wie Durchsetzungsfähigkeit, Auftreten, Erfolg im Parlament, Atmosphäre im Departement, Führungsqualität, Anerkennung im Ausland und so weiter beurteilt. Ich schnitt am besten ab. Aber plötzlich galt das alles nichts mehr, plötzlich wurde die durchsetzungsfähige, führungsstarke Bundesrä-

tin zum Hampelfrauchen, das völlig unselbständig agiert und bei dem hinter den Kulissen der Ehemann die Fäden zieht. Der Verlust einer Aufgabe ist sehr schwer. Viel härter war für mich aber dieser nachträgliche Versuch, meine Persönlichkeit zu zerstören.

Haben Sie eine gewisse Frauensolidarität erfahren?
Die damaligen Nationalrätinnen Judith Stamm von der CVP und Verena Grendelmeier vom LdU waren besorgt, ob ich das alles überhaupt aushalten würde: die täglichen Negativschlagzeilen über meinen Ehemann zusätzlich zu einem politisch überaus befrachteten Programm in jenem Herbst und Winter 1988. Die freisinnigen Nationalrätinnen schien das nicht zu interessieren, auch nicht die viel wichtigere Frage, was man tun könnte. Es wollte sich niemand die Finger verbrennen, so einfach ist das. Die FDP-Frauen in Zürich haben hingegen auch nach meinem Rücktritt den Kontakt gesucht. In ihren Reihen und auch in Basel habe ich zum Beispiel viel beachtete Vorträge zum Thema Neutralität und UNO-Beitritt gehalten. Und noch heute erfahre ich fast täglich auf der Strasse und bei Anlässen viel Unterstützung und Bedauern über meinen erzwungenen Rücktritt.

Drei Tage nach der Nichtwiederwahl von Ruth Metzler setzen Sie in einem von Ihnen im «Tages-Anzeiger» publizierten Artikel ein grosses Fragezeichen hinter die Frauensolidarität ...

Ich setze kein Fragezeichen. Es gibt keine Frauensolidarität. Ausnahmen gibt es nur bei Vorlagen, die alle Frauen betreffen, wie zum Beispiel beim neuen Eherecht oder beim neuen Kindsrecht.

Warum gibt es normalerweise keine Frauensolidarität?
Wir müssen unterscheiden zwischen den Politikerinnen und den Frauen aus der Bevölkerung. Da gehen die Meinungen und Beurteilungen oft auseinander. Die Umfragen im Vorfeld der Bundesratswahl vom 10. Dezember 2003 zeigten zum Beispiel, dass die Mehrheit lieber Christine Beerli anstelle von Hans-Rudolf Merz und lieber Ruth Metzler anstelle von Christoph Blocher im Bundesrat gesehen hätte. Es kam umgekehrt heraus, weil das Frauenkriterium bei dieser Bundesratswahl keine Rolle gespielt hat. Die Parlamentarierinnen haben aufgrund politischer Kriterien gewählt, und das ist im Prinzip auch richtig. Politikerinnen sind nicht einfach Frauen, sondern sie vertreten eine bestimmte politische Richtung, genau wie ihre männlichen Kollegen auch.

Gerade bei Exekutivwahlen auf kantonaler Ebene entscheidet aber die Frau aus der Bevölkerung, wer gewählt wird. Und Frauen werden auch von Frauen sehr oft gestrichen.
Das mag damit zu tun haben, dass viele Frauen so reagieren wie Ellen Ringier zum Beispiel. In einem «Ziischtigsclub» im Schweizer Fernsehen sagte sie, es brauche unbedingt mehr Frauen in der Politik,

aber nicht Frauen wie Elisabeth Kopp oder Ruth Metzler. Ich habe von einer Frau in der Öffentlichkeit selten einen blöderen Satz gehört, der ein Klischee wieder neu zementiert, das es endlich zu überwinden gilt.

Anstatt dass Frauen anderen Frauen den Rücken stärken, diskreditieren sie sie?
Leider ist das der Fall. Ich nenne Ihnen ein Beispiel, das mich selber betraf: Bei meiner Bestätigungswahl als Bundesrätin im Jahr 1987 ging eigentlich jedermann davon aus, dass ich ein Spitzenresultat erzielen würde. Ich habe aber nur mittelmässig abgeschnitten. Was ist geschehen? Die linken Frauen haben sich zusammengetan und nicht mir, sondern meiner freisinnigen Kollegin und damaligen Nationalrätin Lili Nabholz ihre Stimme gegeben, um mir wegen meiner Asylpolitik einen Denkzettel zu verpassen. Mich hat weniger mein mittelmässiges Re-

sultat geärgert als die Tatsache, dass Frauen bei solch blöden Spielchen mitmachen.

Warum brauchen Frauen immer noch Rückendeckung?
Weil Frauen weniger Netzwerke haben, da sie bei den Klüngeleien der Männer nicht mitmachen und deshalb oft allein im Wind stehen.

Unterscheidet sich die Schweiz darin von anderen europäischen Ländern?
So generell würde ich es nicht formulieren. In der Schweiz haben die Frauen erst spät die politische Gleichberechtigung erhalten. Fast noch wichtiger aber scheint mir die Tatsache, dass die Schweiz vom Krieg verschont blieb. Im kriegsversehrten Ausland mussten die Frauen in ganz anderem Mass ihre Frau stellen, und es wurde sehr schnell klar, dass ohne Frauen gar nichts geht. Nach dem Krieg gaben sich die europäischen Länder neue Verfassungen, in denen sich auch das neue Gesellschaftsbild widerspiegelte. Rings um unser Land entstanden Demokratien. Die Schweiz war plötzlich nicht mehr ein Sonderfall, und zudem isolierte sie sich immer mehr. Aus dieser Verunsicherung heraus entstand wohl eine gewisse rückwärts gerichtete Sicht, die sich auch negativ auf die Stellung der Frau ausgewirkt hat. Es ist doch unglaublich, dass Tagesschulen und Kinderkrippen erst vor einigen Jahren auch für die Bürgerlichen ein Thema geworden sind und dass es immer noch Widerstände gegen die Einführung der Mutterschaftsversicherung gibt!

Ist nicht auch die wirtschaftliche Notwendigkeit eines doppelten Erwerbseinkommens in der Schweiz weniger gross als in anderen Industrieländern?
In den wirtschaftlich boomenden Jahren war das bestimmt so. Heute haben viele Frauen eine gute Ausbildung und wollen dieses Kapital nicht brachliegen lassen. Daneben gibt es aber zunehmend Frauen, die finanziell auf eine Erwerbstätigkeit angewiesen sind, sei es, weil das Einkommen des Mannes nicht ausreicht oder weil sie allein erziehend sind.

Beruf, Familie und dann auch noch die Politik unter einen Hut zu bringen, ist fast unmöglich.
Im Grunde gilt das auch für einen Mann. Will ein Mann in Beruf und Politik Karriere machen, ist er darauf angewiesen, dass die Frau sich um die Familie kümmert und ihm den Rücken freihält. Die umgekehrte Rollenverteilung ist heute noch selten. Die Frauen sind deshalb viel stärker auf die Unterstützung durch den Partner angewiesen. Während meiner Zeit als Gemeindepräsidentin war ich abends fast nie zu Hause, dazu kamen die Abwesenheiten während der Sessionen in Bern. Hätte mein Mann mir deswegen Vorwürfe gemacht, wäre ich in ein Dilemma geraten, von dem ich nicht weiss, wie ich es gelöst hätte.

Haben es Frauen heute einfacher, gewählt zu werden?
Frauen bekommen manchmal Chancen, die ein Mann nie bekäme. Kein Mensch wäre seinerzeit auf

die Idee gekommen, einen 34-jährigen lic. iur., im Nebenamt Regierungsrat im Kanton Appenzell, ohne jede bundespolitische Erfahrung, in den Bundesrat zu hieven. Auch deshalb sass Ruth Metzler auf einem Schleudersitz. Hinzu kam, dass sich die CVP beim Doppelrücktritt ihrer Bundesräte ausgemalt hat, mit dieser Schlaumeierei sei es ihr gelungen, die beiden CVP-Sitze für die nächsten Jahre zu sichern. Solche Schlaumeiereien zahlen sich in der Regel nicht aus, wie das Beispiel zeigt.

Haben Sie Ruth Metzler Ihre Unterstützung angeboten?
Ja. Ich habe sie auf das Interview nach ihrer Ustertags-Rede angesprochen und ihr geraten, doch den Ton besser der Situation anzupassen. Mit einer ihrer engsten Mitarbeiterinnen habe ich stundenlang

darüber diskutiert, wie man Ruth Metzler unterstützen könnte. Ich habe ihr auch geschrieben. Aber leider ist es oft so, dass Menschen lieber auf diejenigen hören, die ihre eigenen Ansichten vertreten. Das ist zwar bequemer, aber gefährlich.

Haben es Frauen, einmal gewählt, generell schwerer, an der Spitze zu bleiben?
Ja. Frauen in der Exekutive müssen, um erfolgreich zu sein, Eigenschaften besitzen wie Durchsetzungsvermögen und Führungsstärke, Attribute, die nach wie vor als «männlich» gelten. Fragen Sie einen Mann nach den idealen Eigenschaften einer Frau, dann werden kaum Führungsstärke, Intelligenz und Durchsetzungsvermögen an erster Stelle stehen, sondern vielmehr Zärtlichkeit, Anschmiegsamkeit und so weiter. Nichts gegen diese Qualitäten, aber sie entsprechen wohl kaum dem, was es braucht, um in einem Exekutivamt erfolgreich zu sein. Setzt sich ein Mann energisch durch, ist er ein «richtiger» Mann. Tut eine Frau dasselbe, wirft man ihr vor, sie sei keine «richtige» Frau ... Ich befürchte, es wird noch lange dauern, bis wir den Menschen mit seinen Eigenschaften sehen und schätzen, unabhängig davon, ob er sich typisch «weiblich» oder typisch «männlich» verhält.

Ist nicht auch das Machtverständnis von Frauen und Männern unterschiedlich?
Bei der Exekutive geht es um Macht. Männer teilen diese nicht gerne, schon gar nicht mit starken Frauen. Ich will es mir nicht zu einfach machen

mit dem Spruch: Intelligente Frauen haben viele Feinde, nämlich alle Männer, die dümmer sind. Aber zumindest ein Kern Wahrheit steckt darin. Natürlich gibt es auch unter Männern Eifersucht, Neid und Intrigen, bis hin zu offener Feindschaft. Aber Männer finden sich schneller wieder am Biertisch, während Frauen in der Opferrolle verharren.

Politisieren Frauen anders?
Ja. Frauen sind in der Regel direkter, unkomplizierter, haben weniger Berührungsängste, auch über Parteigrenzen hinaus zusammenzuarbeiten, und sie greifen Themen auf, die ihnen wichtig erscheinen, auch wenn sie damit von der Parteimeinung abweichen. Frauen sind in der Regel weniger eingebunden in Interessengruppen, sodass sie sich mehr Unabhängigkeit leisten können. Das gilt allerdings nur für die Frauen, die das Privileg haben, finanziell unabhängig zu sein. Ich habe mir diese Freiheit immer herausgenommen, ganz besonders in der Umweltpolitik. Bei meinem Kampf um die Verschärfung der Abgasvorschriften für Motorfahrzeuge und für bleifreies Benzin kam nicht nur ich, sondern auch mein Mann unter Druck. Er war damals Verwaltungsrat und Anwalt der Esso Switzerland AG. Ihm wurde nahe gelegt, er möge doch seine Frau etwas bändigen, sonst könne das Folgen für sein Mandat haben. Mein Mann hat dieses Ansinnen natürlich weit von sich gewiesen und seinen Rücktritt angeboten.

Gibt es Ihrer Meinung nach noch andere Unterschiede zwischen der Politik von Mann und Frau?

Frauen geht es weniger ums Prestige, und sie haben ein anderes Verhältnis zur Macht. Während die meisten Männer Macht und das damit verbundene Prestige an sich anstreben, wollen Frauen Macht, um damit etwas bewegen zu können. Frauen sind in der Regel auch weniger kompetitiv. Sie erreichen mit ihrer Art des Ausgleichs aber manchmal mehr. Allerdings kommen auch Frauen genauso wenig wie die Männer um harte Auseinandersetzungen herum. Sie scheinen dann mehr darunter zu leiden als Männer, die oft Spass daran haben. Ich will Ihnen ein Beispiel geben: Kurz nach meinem Amtsantritt sollte ich im Nationalrat das neue Gesetz über das Internationale Privatrecht (IPR) vertreten. Logischerweise hatte ich an der Erarbeitung der Materie weder mitgearbeitet noch Gelegenheit, sie in den Beratungen der parlamentarischen Kommission vertieft kennen zu lernen. Auf meinem Tisch lagen politisch höchst brisante und zeitlich dringende Probleme wie die Asylpolitik und die Revision des Mietrechts. Das IPR ist zwar eine komplexe Materie, aber, einmal abgesehen von zwei oder drei Fragen, ohne jede politische Brisanz. Sollte ich nun Stunden und Tage in das Studium dieser Materie investieren? Mir schien das wenig sinnvoll, und ich beschloss, von der gesetzlich vorgesehenen Möglichkeit, sich im Parlament von einem Experten vertreten beziehungsweise begleiten zu lassen, Gebrauch zu machen. Ich orientierte meine Kollegen im Bundesrat entsprechend. Sie waren entsetzt. Das gehe doch nicht, das würde dem Prestige des Bundesrats schaden, damit würde ich die Macht aus den Händen geben. Ein Bundesrat könne doch nicht zugeben, dass er von einer Materie zu wenig verstehe, um sie im Parlament vertreten zu können. Ich muss meine Kollegen wohl angeschaut haben, als wären sie Marsmenschen, so unverständlich war mir ihre Argumentation. Was das denn mit Macht und Prestige zu tun habe, fragte ich sie. Der Sache sei so am besten gedient, und ich würde meine Kraft und Energie dort einsetzen, wo dringender Handlungsbedarf bestünde. Obwohl mich meine Kollegen beschworen, von meinem Vorhaben abzusehen, hielt ich an meinem Entscheid fest.

Wäre die Politik besser, wenn sie durch mehr Frauen betrieben würde?
Sie würde wahrscheinlich transparenter und Vertrauen erweckender. Ganz sicher wäre sie nicht schlechter. Der Zürcher Regierungsrat funktioniert, zumindest von aussen betrachtet, sehr gut. Die Frauen sind hier in der Mehrheit. Ich hätte sehr viel dafür gegeben, im Bundesrat wenigstens eine Kollegin, lieber noch zwei Kolleginnen zu haben. In jeder Spitzenposition ist man einsam. Die Einsamkeit wird aber noch grösser, wenn man in einem Gremium die einzige Frau ist. Für mich waren die Kaffeepausen der Bundesratssitzung eine Qual. Ich interessiere mich nun mal nicht für Fussball und medizinische Check-ups. Ich hatte kein schlechtes Verhältnis zu meinen Kollegen, aber mir fehlte eine weibliche Gesprächspartnerin. Frauen kommunizieren auch direkter, was zu zusätzlichen Schwierigkeiten führen kann. Otto Stich und Kurt Furgler

sind einmal derart heftig aneinander geraten, dass wir die Sitzung abbrechen mussten. Ich kann in einer solchen Stimmung nicht arbeiten. Möglicherweise sind Frauen harmoniebedürftiger als Männer. Ich suchte Otto Stich noch gleichentags auf. Wir führten ein vertrauliches Gespräch unter vier Augen, das aus meiner Sicht gut verlief. Am nächsten Tag war das Gespräch im «Tages-Anzeiger» abgedruckt. Ich konnte diesen Vertrauensbruch nicht verstehen, auch nicht die Absicht dahinter. Ein anderes Mal kamen zwei Kollegen vor der Bundesratssitzung zu mir. Sie waren mit einer Vorlage von Otto Stich nicht einverstanden, und ich teilte diese Auffassung. In der anschliessenden Sitzung ging ich das Thema frontal an, während sich meine Kollegen in höflicher Zurückhaltung übten.

Bei dieser Unabhängigkeit, Direktheit und Offenheit riskieren Frauen also einiges, was sich in der überdurchschnittlich häufigen Abwahl von Exekutivpolitikerinnen zeigt.

Diese an sich positiven Eigenschaften können ein Risiko sein. Der Bumerang kommt spätestens beim ersten Schwächeanfall. Trotzdem finde ich es wichtig, dass die Frauen bei dieser Art des Politisierens bleiben. Nur so wird Politik wieder glaubwürdig. Wir wollen uns aber davor hüten, für jedes Scheitern einer Frau ihr Geschlecht als Grund zu sehen. Auch Männer haben Misserfolge, auch Männer scheitern. Es gibt politisch brisante Themen, an denen sich Männer und Frauen die Finger verbrennen können.

Wird den Frauen bei der Wiederwahl auch ihre mangelnde Vernetzung zum Verhängnis?
Im Allgemeinen schon. Für freisinnige Verhältnisse hatte ich zudem die falschen Netzwerke. Ich habe mich sehr für den Umweltschutz eingesetzt, für die Gleichberechtigung der Frauen, Bereiche, die nicht primär Anliegen der FDP waren. Auch in der Zürcher Gesellschaft waren wir nicht vernetzt. Mein Mann kam aus Luzern, ich bin in Bern aufgewachsen, meine Eltern stammen aus der Ostschweiz. Mein Mann war weder Rotarier noch Zünfter, und wir zogen beide unseren Freundeskreis und unsere Arbeit gesellschaftlichen Anlässen vor. Wir waren genau das Gegenteil von dem, was man uns vorwarf. Wir waren eben gerade keine Vertreter des «Zürcher Filzes» von Politik und Wirtschaft.

Leni Robert
Regierungsrätin von 1986 bis 1990

Leni Robert an ihrem ersten Arbeitstag als Berner Regierungsrätin 1986

x x x x x x x x x x x x x x x x x x x x x x x x x x x x x x x x x

Leni Robert-Bächtold, geboren 1936 in Zürich, verwitwet, ein Sohn. Studium der slawischen Sprachen und Journalistik. Tätigkeit als Redaktorin. 1971–1976 FDP-Stadträtin (Legislative) in Bern, 1976–1986 Grossrätin. Gründung der Freien Liste im Kanton Bern und 1983 Wahl in den Nationalrat für diese Partei. Regierungsrätin (Erziehungsdirektorin) 1986–1990. 1991–1995 erneut Nationalratsmandat für die Freie Liste. 1991–1995 Schweizer Vertreterin im Europarat, Präsidentin der Subkommissionen Umwelt und Bevölkerungsfragen. Seit rund 40 Jahren ehrenamtliche Tätigkeit mit Schwerpunkt Frauen, Umwelt, Bildung und Entwicklung. Das Gespräch mit Leni Robert fand am 30. Juli 2004 in Bern statt.

Frau Robert, Sie waren auf kommunaler, kantonaler und nationaler Ebene politisch tätig, sowohl in der Legislative als auch in der Exekutive. Wo sind die Frauen am besten aufgehoben?
Am ehesten bei der SP und bei den Grünen, obwohl die FDP zu meiner Zeit mit dem Slogan warb: «Die FDP hat die Frauen gern.» Bei den Grünen ist es vielleicht noch etwas einfacher, denn die alteingesessenen Parteien sind ja allesamt patriarchalische Schöpfungen.

Sie haben sich von der FDP aber nicht abschrecken lassen.
Die Freisinnigen haben mich angefragt. Sie wollten nach der Annahme des Frauenstimmrechts im Jahr 1971 ihre Stadtratsliste mit Frauen besetzen. Ich hatte den Eindruck, Frauen würden in dieser Partei ernst genommen und könnten politisch etwas bewegen. Wie sehr die Partei ein Apparat von Männern für Männer war, erfuhr ich dann erst im politischen Alltag.

Woher stammte Ihre Affinität zur FDP?
Mein Vater war LdU-Nationalrat, ein bekannter Ingenieur und Naturschutzpionier, der mich schon als Kind für Umweltfragen sensibilisiert hat. Über meinen Mann, der bei den Jungfreisinnigen politisierte, hatte ich aber vor allem Kontakt zu Freisinnigen. Sie haben mein Bild von einer liberalen, sozialen und umweltbewussten Partei geprägt. Von diesem Geist war auch das damalige FDP-Parteiprogramm erfüllt. Die Erhaltung der natürlichen Lebensgrundlagen

stand darin an erster Stelle. Eine solche Politik wollte ich machen. Ein weiterer Grund für meine Affinität zur FDP bestand darin, dass der Berner Freisinn in gewisser Hinsicht die Opposition war. In der Stadt beherrschte die SP die Politik, im Kanton die SVP. Wo lange genug die gleichen Parteien an der Macht sind, entsteht eine Art von Politik, in der ich nichts zu suchen habe.

Ihnen konnte man Filz vorwerfen – mit einem Nationalrat als Vater und einem politisierenden Ehemann.
Ganz und gar nicht. Mein Vater politisierte auf nationaler Ebene, in einer Oppositionspartei, die von den bernischen Machtkartellen tunlichst auf Distanz gehalten wurde. Und mein Mann starb, noch bevor er sein Amt als jungfreisinniger Stadtrat in der Legislative ausüben konnte. Ich hatte mich bereits für das Frauenstimmrecht und die Umwelt eingesetzt, bekannt wurde ich aber vor allem durch ein Streitgespräch mit dem damaligen stellvertretenden Baudirektor der Stadt Bern. Ich vertrat darin meine Ansichten so vehement, dass ich fortan als «politisches Urtalent» galt. Der Freisinn nahm das gerne zur Kenntnis. Jede Frau, die politisch auf sich aufmerksam machen konnte, hatte bei diesen Frauenwahlen der ersten Stunde gute Chancen, gewählt zu werden.

Welchen Hindernissen sind Sie als Frau begegnet?
Viele der 1971 in den Stadtrat gewählten Frauen – wir waren zehn Frauen aus verschiedenen Parteien –

gingen mit grossem Idealismus und Schwung an die Arbeit. Endlich durften wir gleichberechtigt mitarbeiten und fühlten uns dazu auch verpflichtet. Aber die Männer nahmen ganz selbstverständlich an, dass die Frauen erst nach einem Jahr zum ersten Mal den Mund aufmachen würden. Sie dachten, wir Frauen würden ein Jahr lang im Rat sitzen und zuschauen, wie die Männer politisieren, um zu lernen, wie man es «richtig» macht. Dafür war ich nun wirklich die Falsche. Der Freisinn empfand mich denn auch schnell als Störenfried. «L'art de bien déranger», diese Kunst hat man mir nachgesagt. Obwohl das gar nicht meine Absicht war. Ich habe nur das Parteiprogramm ernst genommen.

Wenn 1971 so viele Frauen ins Parlament gewählt wurden, warum dauerte es dann nochmals zwölf Jahre, bis mit der Zürcherin Hedi Lang die erste Regierungsrätin gewählt wurde?
Das Bild der Kantone ist meines Erachtens sehr männlich. Man pflegt die kriegerisch-männerbündlerische Vergangenheit und diskutiert über abstrakte Dinge wie Wahlkreise und Strukturen, während man in der Stadt über Tempo 30 bei Kindergärten befindet. Die kantonale Welt ist eine fremde und abweisende Welt für Frauen. Und ein paar Frauen in einem zweihundertköpfigen Parlament sind dann noch einmal etwas anderes als eine Frau in der Regierung, im inneren Zirkel der Macht.

Trotzdem sind Sie Regierungsrätin geworden.
Zur völligen Überraschung aller. Hätte es vorher nicht die Berner Finanzaffäre gegeben und hätte mich der Freisinn nicht politisch kaltgestellt, dann wäre das nie möglich gewesen. Ich hielt trotz meiner zunehmenden Marginalisierung in der FDP lange daran fest, in dieser Partei am richtigen Ort zu sein. Bei den kantonalen Wahlen erzielte ich immer Spitzenresultate, und ich war erster Ersatz für den Nationalrat. Intern wurde das gar nicht goutiert, und der damalige FDP-Nationalrat und starke Mann im Berner Freisinn hat einmal gesagt: «Ich würde mich eher auf der Bahre in den Nationalratssaal tragen lassen, als Leni Robert Platz zu machen.» Dann kam diese unsägliche Nominierungsveranstaltung für die Nationalratswahlen 1983, an der mich die Stadtpartei nicht mehr als Kandidatin aufstellte. Das führte zu einer starken Absetzungsbewegung von liberalen Frauen und Männern, worauf wir die «Freie Liste» gründeten, auf der ich dann im selben Jahr in den Nationalrat gewählt wurde.

Und 1986 in den Regierungsrat.
Ja, wobei das weniger mit meiner Person oder meinem Geschlecht zu tun hatte als mit der Berner Finanzaffäre, die 1984 aufflog. Nach über einem halben Jahrhundert Regierungskartell aus SVP, FDP und SP, in dem niemand, den die drei Parteien nicht in gemeinsamer Absprache aufgestellt hatten, auch den Hauch einer Chance hatte, zerbrach die Eintracht an den Enthüllungen des Finanzrevisors Rudolf Hafner. Da sagten wir von der Freien Liste: «Wir haben keine Chance, also nutzen wir sie.» Mit dem Resultat, dass entgegen allen Erwartungen gleich zwei Vertreter gewählt wurden und der Freisinn zum ersten Mal nicht mehr in der Regierung war. Das war ein historisches Ereignis, wobei von Anfang an klar war, dass dieses Resultat vier Jahre später korrigiert werden würde.

Ihre Wiederwahl war unmöglich?
Wenn die SVP und die FDP wieder gemeinsam antreten würden, bestimmt. Das taten sie natürlich auch – mit fünf Männern. Beide Parteien arbeiteten vom ersten Tag an auf meine Abwahl hin. Dann lancierten sie noch rechtzeitig vor den Wahlen eine Initiative für sieben anstatt neun Regierungsräte. Das bedeutete für die SP nur noch zwei statt drei Vertreter wie bisher. Da lag für uns zwei Aussenseiter auch auf einer gemeinsamen Liste mit der SP nichts mehr drin. Und eine Sonderstellung konnte ich bei dieser Ausgangslage weder erwarten, noch hätte ich sie gewollt.

Sie wurden damals selbst von der «Neuen Zürcher Zeitung» als die starke Person in der Regierung bezeichnet.
Ich würde das so nicht unterschreiben. Wir waren eine starke Regierung, weil wir nicht mit der bisher üblichen Arroganz der Macht regierten. Dabei hatten wir bei der SVP mit dem Landwirtschaftsminister einen wunderbaren Kollegen. Und selbst der altgediente SVP-Volkswirtschaftsdirektor sagte mir einmal, die vier Jahre in dieser rot-grünen Regierung seien seine schönsten gewesen.

Sie waren die einzige Frau unter den Kandidierenden. Und wurden abgewählt. Wo blieb die Frauensolidarität?
Ich hatte die Unterstützung der Frauen. Aber für viele war es selbstverständlich, dass ich wieder gewählt würde, auch ohne besondere Anstrengung. Ich sage das ganz ohne Vorwürfe, aber so war es eben. Das Resultat war dann knapp, doch für eine Wiederwahl hat es nicht gereicht.

Wenn es darauf ankommt, zählt die Partei bedeutend mehr als das Geschlecht. Das hat man ja auch am 10. Dezember 2003 auf Bundesebene gesehen.
Jede Karriere und jede Abwahl sind ein Fall für sich. Aber ich bin wohl die Einzige, die als solche Aussenseiterin in die Regierung gewählt worden ist. Alle anderen betroffenen Frauen kamen aus etablierten Parteien mit einem verbrieften Anspruch auf Sitze in der Exekutive.

Sie wussten schon bei Ihrer Wahl, dass Sie mit grösster Wahrscheinlichkeit vier Jahre später nicht wieder gewählt würden. Haben Sie diese «Narrenfreiheit» genutzt?
Sehr selten und sehr gezielt. Ich wollte in diesen vier Jahren vor allem politisch etwas erreichen, und dafür muss man gut mit den Kollegen, aber auch mit der Verwaltung und dem Parlament zusammenarbeiten. Man muss sich gut überlegen, was man erreichen will und wie das zu schaffen ist. Aber ich hätte nie gegen meine innere Überzeugung gehandelt. Das war ausgeschlossen.

Das sagen die Männer auch. Handeln die Frauen eher nach dieser inneren Überzeugung?
Ich weiss es nicht. Das ist schon fast eine Frage für die Tiefenpsychologie. Die Frauen sind im Allgemeinen immer noch weniger «verbandelt» und müssen auf weniger Interessen Rücksicht nehmen. Interessenvertretungen sind nicht illegitim, aber sie müssen transparent gemacht werden. Es gibt aber viele Dinge in der Politik, über die ich mir nicht mehr so sicher bin wie auch schon.

Womit hängt diese Unsicherheit zusammen?
In einem langen Politikerinnenleben macht man viele widersprüchliche Erfahrungen. Ich weiss auch nicht, wie die Frauen reagieren werden, wenn sie eines Tages im gleichen Masse wie die Männer Machtpositionen innehaben und in Interessenverbindungen stehen. Ein Vorteil der Unabhängigkeit von uns Frauen war, dass dadurch die Machtstruk-

turen der Männer erstmals so richtig sichtbar wurden. Die Freiheit, die Sie als Narrenfreiheit apostrophieren, gibt es heute weniger häufig als früher. Wenn eine Frau heute noch so politisiert, dann wirkt das fast schon naiv.

Frauen werden auch heute noch überdurchschnittlich häufig abgewählt.
Weil die Machtverhältnisse so sind, dass man eine Frau ungestraft abwählen kann, und weil Frauen- und Männerbilder tief verwurzelt sind und man sie nicht so schnell über den Haufen wirft. Bei aller rechtlichen Gleichstellung – wenn zwei dasselbe tun, dann ist es nicht dasselbe. Wenn Sie als Frau energisch auftreten, ist das unweiblich und negativ. Wenn Sie als Mann energisch auftreten, ist das gut. Und als Regierungsrätin erwartet man von Ihnen, dass Sie sich permanent weiblich und männlich zugleich verhalten.

Sie haben fast dreissig Jahre lang unabhängig und energisch politisiert. Meistens mit Erfolg. Warum?
Weil die Umstände meistens irgendwie günstig waren. Ohne die Finanzaffäre hätten die gnädigen Herren in Bern jedenfalls munter ohne mich weiterregiert. Vielleicht hätten sie, sobald die Zeit in ihren Augen reif gewesen wäre, auch einmal eine Frau aufgestellt. Elisabeth Zölch wäre sicher früher oder später Berner Regierungsrätin geworden, ohne dass sich deswegen am Männergehabe viel geändert hätte. Ich musste immer kämpfen, wurde nie im Schlafwagen befördert. Ich hätte das nicht auf mich

genommen, wenn ich nicht von der Notwendigkeit des Kampfes überzeugt und wenn es nicht so ungeheuer spannend gewesen wäre – auf allen Ebenen.

Haben Sie sich in Ihrer Zeit als Regierungsrätin verändert?
Ich hatte danach vier Jahre Berufs- und Lebenserfahrung mehr. Aber der Macht gegenüber bin ich vom ersten bis zum letzten Tag gleich misstrauisch geblieben. Als ich nach meiner Regierungszeit wieder in den Nationalrat gewählt wurde, fühlte ich mich nicht mehr wohl. Einerseits, weil alles so formal geregelt war. Aber das war nicht der Hauptgrund. Vielmehr hatte ich während meiner Regierungstätigkeit einen grossen Respekt vor Andersdenkenden und vor der Arbeit der Verwaltung entwickelt. Ich mochte nicht mehr auf den anderen herumhacken, wie das im Parlament zur eigenen

Profilierung üblich ist. Dieses Gegeneinander und diesen Stil ertrug ich einfach nicht mehr.

Inwiefern haben Sie als Regierungsrätin Frauenpolitik betrieben?
Ich bin eine Feministin und habe Politik grundsätzlich immer aus dieser Optik gemacht. Da war ich sicher manchmal penetrant. «L'art de bien déranger» habe ich in dieser Hinsicht konsequent ausgeübt. In meinen jüngeren Politikjahren reagierte man darauf oft emotional, und ich wurde irgendwo zwischen Hexe und Heiliger eingestuft. Als Regierungsrätin nutzte ich die Gelegenheit, in meinem Departement, einschliesslich der Universität, systematisch Frauenförderung zu betreiben. Das wurde im Allgemeinen anerkannt.

Sie haben aufgeatmet, als Sie abgewählt wurden. Warum?
Meine Wahl war damals eine Sensation. Diejenigen, die mich gewählt hatten, erwarteten viel von mir, und auf der anderen Seite wollten die Bürgerlichen mich unbedingt weg haben. Ihnen konnte ich nichts recht machen. Ich musste also auf der einen Seite hohe Ansprüche erfüllen und auf der anderen Seite die Stirn bieten. Dazu kamen meine eigenen Ansprüche. Ich wollte in diesen vier Jahren etwas bewegen. Das war ziemlich aufreibend.

Haben Sie nach Ihrer Abwahl eine Rente erhalten?
Ja, eine bescheidene. Man hatte uns rechtzeitig vor der Abwahl auf Sparflamme gesetzt. Nur hat mich

das nicht sehr berührt. Es war für mich nie ein Ziel, viel zu verdienen. Die vier Regierungsjahre waren also auch unter diesem Aspekt aussergewöhnlich.

Wenn Sie zurückblicken – was hat sich in der Frauenpolitik geändert?
Bei allen Rückschritten ist die Basis für Frauenpolitik doch solider geworden. Mit der Vertretung von Frauen in politischen Ämtern steht die Schweiz international gut da. Das Selbstbewusstsein der Frauen ist gewachsen. Natürlich, «rien n'est jamais acquis». Das emotionale Bewusstsein hinkt bei vielen Männern und Frauen dem rechtlichen und intellektuellen noch hinterher. Aber auch das wird langsam, aber sicher besser. Mit Betonung auf langsam.

Roselyne Crausaz

Staatsrätin
von 1986 bis 1991

Roselyne Crausaz nach ihrer Wahl zur Regierungsrätin 1986

x x x x x x x x x x x x x x x x x x x x x x x x x x x x x x x

Roselyne Crausaz Nemeth, geboren 1943. Studium der Wirtschafts- und Sozialwissenschaften. 1968 wissenschaftliche Mitarbeiterin beim Bundesamt für Statistik. 1969–1986 Sektionschefin beim Bundesamt für Erziehung und Wissenschaft. 1971–1987 verschiedene Funktionen beim Europarat. 1971–1991 diverse politische Mandate, darunter Grossratspräsidentin des Kantons Freiburg. 1986–1991 Vorsteherin des Departementes für öffentliche Bauten, Umwelt und Zivilschutz des Kantons Freiburg. Seit 1992 Organisatorin verschiedener wissenschaftlicher und wirtschaftlicher Kongresse, 1994–1995 Geschäftsprüfungskontrolle beim IKRK. Seither eigenes PR-Beratungsbüro in Freiburg. Das Gespräch mit Roselyne Crausaz fand am 5. April 2004 in Freiburg statt.

Frau Crausaz, Sie waren 1986 die erste Staatsrätin der Romandie und wurden nach fünf Jahren abgewählt. War die französische Schweiz noch nicht bereit für eine Frau?
Ich habe mich damals unter dem Druck meiner Partei nach dem ersten Wahlgang trotz gutem Resultat zurückgezogen. Aber bestimmt war die «psychologie politique» zu meiner Zeit noch sehr männlich geprägt. Allerdings fürchte ich, dass der Grossteil der gesamtschweizerischen Bevölkerung noch immer nicht bereit ist, die Exekutivgewalt vorbehaltlos einer Frau zu übertragen. Wir Frauen werden schneller attackiert, was vor allem auch damit zu tun hat, dass wir stark untervertreten und deshalb nach wie vor etwas Besonderes sind.

Sie waren nicht nur eine Frau, Sie haben mit dem Baudepartement auch noch ein männlich geprägtes Departement übernommen.
Ich bin der Meinung, dass ich zu mindestens neunzig Prozent von meinen Leuten unterstützt und akzeptiert wurde. Schliesslich hatte ich während achtzehn Jahren beim Bund gearbeitet und mich mit mehreren grossen Bauprojekten der Universitäten befasst. Ich war bestimmt so gut qualifiziert wie meine zwei Vorgänger, ein Mechaniker und ein diplomierter Buchhalter – aber sie waren eben Männer.

Haben Sie als Frau Spitzen zu spüren bekommen?
Natürlich. An meinem ersten Arbeitstag beispielsweise klopfte einer meiner engen Mitarbeiter an

meine Türe und fragte: «Frau Regierungsrätin, wollen wir die Post öffnen?» Ich fragte ihn, ob er das denn jeweils gemeinsam mit meinem Vorgänger gemacht habe, was er verneinte. «Dann halten wir es mit mir nicht anders», sagte ich. Oder ein anderes Beispiel: Ein Dienstchef fragte mich während einer Arbeitssitzung, ob ich nicht im Zeichen des Fisches geboren sei. Seine Frau sei nämlich auch ein Fisch, und eigentlich möge er Leute mit diesem Sternzeichen nicht besonders. Ich erwiderte überrascht, aber fast schon amüsiert, es tue mir furchtbar leid, aber ich hätte mein Geburtsdatum nicht selber wählen können.

Sie haben nach Ihrer Regierungszeit als CVP-Politikerin für den Nationalrat kandidiert – allerdings auf der SVP-Liste und erfolglos. War das eine Rache an Ihrer Partei?
Nein, das nicht. Aber die CVP hatte mich völlig fallen gelassen, und ich war noch jung genug, um mich weiterhin politisch zu engagieren. Die SVP, die zu der Zeit eine Mitte-rechts-Partei war, hatte mich angefragt.

Die CVP war mitschuldig, dass Sie nach fünf Jahren Regierungszeit nicht mehr wieder gewählt wurden?
Nochmals: Ich bin nicht abgewählt worden, sondern bin nach dem ersten Wahlgang trotz gutem Ergebnis nicht mehr angetreten.

Weil die Partei Sie fallen gelassen hat.
Ja. An der Delegiertenversammlung nach dem ersten Wahlgang wurde beschlossen, dass man mit den drei Bestplatzierten wieder antreten würde. Eigentlich war es eine diktatorische Entscheidung, man hat nämlich nie mit mir, der einzigen Frau, die als fünftbeste CVP-Kandidatin und sechstbeste von 21 Kandidaten aus dem ersten Wahlgang hervorgegangen war, darüber gesprochen. Ich beschloss dann, trotzdem nochmals anzutreten, und wollte das am 21. November 1991 den Medien bekannt geben. An diesem Tag standen plötzlich zwei CVP-Vertreter, darunter der damalige CVP-Sekretär, in meinem Büro und massten sich an, mich zum Verzicht aufzufordern. Es sei in meinem eigenen Interesse, sagten sie.

Warum haben Sie gehorcht?
Ich hatte Ende Oktober, mitten im Wahlkampf, als Folge des ungewöhnlichen Stresses – den gesunden Stress habe ich nie gefürchtet – eine Fehlgeburt. Das hat mich etwas aus dem Gleichgewicht gebracht und geschwächt. Deshalb habe ich dann verzichtet, war aber sehr enttäuscht von meiner Partei.

Stand die Partei voll hinter Ihnen, als Sie das erste Mal kandidierten?
Ein Teil der CVP ganz bestimmt. Aber es gab schon damals einige, ich nenne sie gerne «Apparatschiks», die mich gar nicht als Regierungsrätin haben wollten. Dabei nannten mich einzelne Medien sogar schon als zukünftige Bundesrätin, weil ich als Ka-

dermitglied der Bundesverwaltung recht bekannt war. Zur damaligen Zeit gab es einen Freiburger Politiker, der unbedingt Bundesrat werden wollte, was ihm allerdings nie gelang. Er unternahm alles, um meine Karriere zu stoppen. Es gab meines Erachtens verschiedene Meinungen innerhalb der Partei: Ein kleiner Teil der Partei stand nicht eigentlich hinter mir, kam aber fast nicht an mir vorbei und arbeitete deshalb hinter meinem Rücken gegen mich. Andere waren wirklich der Überzeugung, jetzt müsse eine Frau gewählt werden, darunter sehr viele weibliche CVP-Vertreterinnen. Die einen dachten sich wohl, es sei ganz gut, als Zugpferd für die CVP eine Frau auf die Liste zu setzen, und die anderen waren von mir als Person überzeugt, unabhängig vom Geschlecht.

Jedenfalls wurden Sie nominiert. Wie lief der Wahlkampf der ersten Regierungsratskandidatin der welschen Schweiz ab?
Von den Frauen und den Medien wurde ich im Grossen und Ganzen sehr unterstützt. Aber Spitzen – nicht gegen meine Qualifikation, sondern gegen mich als Frau – kamen schon vor. Eine Regionalzeitung beschrieb mich beispielsweise als «schöne Begonie». Nach dieser Beschreibung beschloss ich, zum Kaktus zu werden, und betrieb den Wahlkampf mit grosser Energie.

Bei den Erneuerungswahlen im Jahr 1991 erreichten Sie nur Platz 5 der CVP. War man mit Ihrer Arbeit unzufrieden?

Natürlich gibt es immer Sachgründe, die man ins Feld führen kann, wenn man will. Man hat mir vorgeworfen, ich würde mich zu stark für die Interessen der Umweltschützer einsetzen. Dabei hatte ich mir das Ziel gesetzt, einen Dialog zwischen Bauunternehmern, Bauern und Umweltschützern zu erreichen. Als Interessenvertreterin der Umweltschützer hätte ich mich sicher nicht so vehement für die Fertigstellung der damaligen N1, heute ist das die A1, eingesetzt. Aus meiner Sicht habe ich während meiner Regierungszeit keine gravierenden Fehler gemacht. Im Gegenteil. Ich denke, ich habe meine Arbeit gut gemacht.

Das Stimmvolk sah das offensichtlich anders.
Es fehlten wenige Stimmen. Meine Wiederwahl wäre ganz sicher zu bewerkstelligen gewesen, hätte ich vor allem im emotionalen Bereich anders gehandelt. Ich hätte hinter meinem Rücken vorgebrachte Vorwürfe und böse Anekdoten sofort thematisieren und neutralisieren müssen. Ich habe das Kollegialitätsprinzip immer respektiert. Ich hätte mich sicher von Anfang an um meine Wiederwahl kümmern müssen. Ich habe das nicht getan, weil ich einfach viel gearbeitet habe. Das ist etwas, was ich auch heute noch bei Frauen beobachte, obwohl die Exekutivpolitikerinnen meines Erachtens dazugelernt haben und sich auch mehr um ihr Image kümmern. Ich hätte zudem schon während meiner Amtszeit ein Komitee zusammenstellen sollen zur Unterstützung meiner Wiederwahl. Und schliesslich hätte ich mehr auf die Kommunikation nach aussen achten müssen, hätte mich selber besser verkaufen sollen. Das alles beherrschen die Männer viel besser.

Warum?
Frauen stellen die nackte Arbeit in den Vordergrund und achten viel zu wenig auf die Taktik. Das war bei mir nicht anders.

Sie galten nie als ausgesprochene Feministin. Bekamen Sie das in Form von mangelnder Unterstützung durch die Frauen zu spüren?
Ich habe mich in Bern und dann auch als Regierungsrätin immer zugunsten von Frauen engagiert.

Immerhin habe ich schon 1978 die Sektion CVP-Frauen des Kantons Freiburg gegründet und mich sehr stark für die rechtliche Gleichstellung der Frau eingesetzt, ohne dabei die Unterschiede zwischen Mann und Frau ausser Acht lassen zu wollen. Eine Kopie macht schliesslich nie ein Meisterwerk. Als ich mich das erste Mal zur Wahl stellte, konnte ich vom Frauenbonus profitieren. Vor allem die CVP-Frauen – auch keine extremen Feministinnen – haben viel getan, um mich zu unterstützen. Ich war zudem die einzige Frau unter 14 Regierungskandidaten und habe deshalb sicher auch viele Stimmen von Frauen anderer Parteien bekommen. Bei der Erneuerungswahl war das anders. Da kandidierte eine Frau aus der SP, einer Partei, die ihre Frauen grundsätzlich besser trägt als die bürgerlichen Parteien. Vor allem aber fehlte mir die Unterstützung von gewissen Männern, die in mir eine Konkurrentin sahen.

Über Sie war zu hören und zu lesen, Sie würden arrogant auftreten.
Das bringt mich heute noch zum Lachen – oder auch zum Weinen. Wenn eine Frau ihre Ideen und Projekte verteidigt, sich nicht überzeugen lässt von Gegenpositionen und an ihrer Meinung festhält, ohne einen Konsens oder einen Kompromiss auszuschliessen, heisst es sofort, sie sei arrogant. Dabei ist das nichts anderes als die Haltung einer Magistratin, die sich der Politik verantwortlich fühlt. Aber der Begriff Politik hat etwas von seiner Substanz und Noblesse verloren: Allzu oft wird zugun-

sten der Karriere Opportunismus betrieben und nicht das Wohl der Gesellschaft im aristotelischen Sinn verfolgt.

Was ging in Ihnen vor, als Sie erfuhren, dass Sie Ihr Regierungsamt abgeben müssen?
Im ersten Moment spürte ich Wut, Enttäuschung, Entsetzen. Darauf folgte eine grosse Gelassenheit. Ich realisierte plötzlich, in welcher Mittelmässigkeit sich die Politik bewegt und dass ich Werte, die ich hoch achte, wie den Respekt sich selbst, den Mitmenschen und der Ewigkeit gegenüber, viel zu wenig leben konnte. Dann kam die dritte Phase, die von grosser Traurigkeit und einem ständigen Sichhinterfragen geprägt war. Ich empfand auch ein Gefühl der Ungerechtigkeit. Aber dann fand ich bald zu meiner Heiterkeit zurück.

Nach welchen Kriterien haben Sie später wieder eine Arbeit gesucht?
Ich habe zwei Jahre lang intensiv versucht, wieder eine Erwerbstätigkeit zu finden. Aber ich erhielt kein einziges ernsthaftes Angebot! Daneben war ich zu fast hundert Prozent ehrenamtlich tätig. Die Partei hat sich nie gemeldet, und auch sonst kam niemand mit einem Stellenangebot auf mich zu. Ich habe sehr ernsthaft nach Arbeit gesucht, bekam aber nur ein Angebot eines SVP-Kaderbeamten. Die Stelle war allerdings einer Juristin vorbehalten. Es blieb mir dann nichts anderes übrig, als Arbeitslosengelder zu beziehen. Ich bezog eine kleine Rente, die allerdings nicht genügte, um die Steuern

einer alt Regierungsrätin, die Versicherungen und die Hypothekarzinsen zu bezahlen. Ein einziges Mal kam ein Anruf von einem Kollegen aus einem anderen Kanton, einem SVPler, mit dem ich während meiner Amtszeit zu tun gehabt hatte. Er sagte, er hätte vielleicht etwas für mich, beschrieb mir den Job, und ich dankte ihm herzlich für die Türe, die er mir öffnen wollte. Danach hörte ich nichts mehr von ihm und erfuhr später, dass ein Exkollege aus meiner Partei und meinem Kanton die Stelle «zufällig» bekommen hatte. Ich war bezüglich dieses Jobs nie wieder kontaktiert worden. Und dann verlor auch noch mein Mann, ein gebürtiger Ungar, seine Arbeit.

War Ihr Alter ein Hindernis?
Ohne dass man mich direkt darauf ansprach, war irgendwie klar, dass man eine Exregierungsrätin von knapp 49 Jahren eben nicht mehr anstellt. Zu-

dem haben die CVP-«Apparatschiks» mein Image zerstört. Ich war dann ein Jahr lang für das Internationale Rote Kreuz in Genf tätig, während des Gemetzels in Ruanda. Das war für mich in verschiedener Hinsicht sehr bereichernd. Insbesondere hat es mir gezeigt, dass es ungleich viel härtere Schicksale gibt als eine Nichtwiederwahl. Danach habe ich ein eigenes Beratungsbüro eröffnet und gute Mandate erhalten.

Ihre Amtszeit liegt dreizehn Jahre zurück. Hat sich für die Frauen seither etwas verändert?
Die Frauen sind berechnender geworden. Das ist leider auch nötig. Sie sind auch mehr auf ihr Image bedacht als früher. Aber die Frauen sind immer noch verletzlicher als die Männer, auch wenn sie besser dagegen ankämpfen als früher. Immerhin trifft man heute mehr Frauen in Spitzenpositionen an. Das hilft vielleicht.

Was raten Sie einer Frau, die für ein Regierungsamt kandidieren will?
Ist eine Frau sehr sensibel, sollte sie sich nicht für ein solches Amt zur Verfügung stellen. Politische Fähigkeiten, intellektuelle und professionelle Kompetenzen genügen nicht. Es braucht ungemein starke Nerven, eine sehr dicke Haut und viel Taktik, um zu reüssieren. Frauen müssen lernen, sich besser gegen ungerechtfertigte und hinterhältige Attacken zu wappnen, und sie müssen solche Attacken sofort kontern.

Nützen Netzwerke?
Sicher. Aber es stehen nicht die gleichen Netzwerke für Frauen wie für Männer zur Verfügung. Und Frauen arbeiten lieber, als dass sie sich um die Netzwerke kümmern. Das müssen sie ändern. Und dabei sollten sie sich nicht ausschliesslich um Frauennetzwerke bemühen.

Veronica Schaller

Regierungsrätin
von 1992 bis 2001

Veronica Schaller übergibt Prof. Regina Wecker den Wissenschaftspreis der Stadt Basel (1998)

x x x x x x x x x x x x x x x x x x x x x x x x x x x x x x x x x

Veronica Schaller, geboren 1955, ledig. Tochter eines freisinnigen National- und Regierungsrats in Basel. Studium der Germanistik, Geschichte, Philosophie und Geografie mit Abschluss lic. phil. I. 1975–1977 Mitglied der POCH. Ab 1977 Mitglied der Ofra (Organisation für die Sache der Frau). Seit 1984 Mitglied der SP. 1984–1992 Gewerkschaftssekretärin VPOD Basel. 1988–1992 Mitglied des Grossen Rats des Kantons Basel-Stadt. 1992–2001 Regierungsrätin Basel-Stadt; während acht Jahren Vorsteherin des Sanitätsdepartements, danach knapp ein Jahr Vorsteherin des Erziehungsdepartements. 2003–2004 Vizedirektorin im Bundesamt für Flüchtlinge. Das Gespräch mit Veronica Schaller fand am 27. Januar 2004 in Bern statt.

Frau Schaller, drei Jahre sind seit Ihrer Abwahl als Regierungsrätin von Basel-Stadt vergangen. Was bleibt nach einer solchen Nichtwiederwahl?
Das hat sich in den drei Jahren stark verändert. Heute bleiben vor allem die immense Berufserfahrung, die Managementerfahrung und das Knowhow darüber, was vom Zeitpunkt der Idee bis zur Umsetzung im politischen Umfeld alles abläuft. Ich habe viele Leute kennen gelernt, denen ich sonst nicht begegnet wäre, zum Teil sind auch Freundschaften daraus geworden. Ich würde deshalb trotz der schwierigen Zeit nach der Abwahl nie sagen, «wäre ich doch nie Regierungsrätin geworden».

Das klingt sehr positiv. Negative Gefühle haben Sie keine?
Ich habe zwar einige meiner «besten Jahre» in diesem Amt verbracht, aber schlecht waren diese Jahre wirklich nicht. Heute beziehe ich eine Rente. Ich habe das verdient.

Meinen Sie das Geld oder die Abwahl?
Ich meine damit, dass ich viel gemacht und geleistet habe. Ich habe mich natürlich schon gefragt, wie viel Schuld für meine Abwahl ich auf mich zu nehmen habe. Gleichzeitig lache ich dann aber auch darüber, weil diese allfällige Schuld in keiner Relation zu dem steht, was ich für den Staat eingespart habe.

Ist es nicht typisch weiblich, sich die Schuldfrage zu stellen? Oder hängt das einfach mit Ihrer Person zusammen?

Beides. Frauen stellen sich die Schuldfrage sicher häufiger; aber es hängt auch mit meiner ganz persönlichen Geschichte zusammen. Ich bin der Meinung, dass sich Frauen sehr viel mehr hinterfragen, dass sie mehr «nach»-denken und sich überlegen, was sie anders machen müssen, damit etwas das nächste Mal nicht mehr passiert. Die Frau geht in der eigenen Laufbahn weniger schnell wieder vorwärts als der Mann.

Sie waren zwei Jahre lang weg vom Fenster. Wie haben Sie diese Zeit genutzt?
In der Versenkung verschwunden bin ich nicht. Ich habe Verschiedenes gearbeitet und aktiv eine Stelle gesucht. Eine Psychotherapie habe ich nicht gemacht. Aber ich habe die Unterstützung eines Outplacers in Anspruch genommen, was mir sehr geholfen hat. Es hat länger gedauert, als ich dachte, bis ich wieder Tritt gefasst habe. Wahrscheinlich lag das an meiner Ausstrahlung.

Was haben Sie denn ausgesendet?
Die Abwahl war für mich ein grosser persönlicher Verlust. Es ist eine Kunst, nach so einem Ereignis Distanz zu gewinnen und nicht depressiv zu werden. Aktiv etwas dagegen tun, den «Heilungsprozess» beschleunigen, das kann man wohl nicht.

Was hat Ihnen geholfen?
Meine gute Partnerschaft und einige ehrliche, gute Freundschaften. Viele haben zu mir gesagt: «Das ist doch nicht so schlimm, mit deinen Qualitäten fin-

dest du schnell wieder eine Stelle, und finanziell bist du ja abgesichert.» Aber solche Sätze haben mir gar nichts gebracht. Ich hätte in dieser schwierigen Zeit mehr Leute gebraucht, die mir gesagt hätten, dass es ungefähr zwei Jahre dauern werde, bis ich wieder aufrecht stehen und einen guten neuen Job machen könne. Ich hätte mehr Leute gebraucht, die mich aufgefordert hätten, mich einfach nur zu organisieren, um diese Jahre gut zu überstehen.

Haben Sie sich unnütz gefühlt?
Mit einem Regierungsamt ist auch Ehre verbunden, und selbst als Linke habe ich es geschätzt, dass man die Regierungsrätin Schaller im Coop mit einem erkennenden Lächeln begrüsste. Unmittelbar nach der Abwahl musste ich mich manchmal wirklich überwinden, in Basel von A nach B zu gehen. Ich hatte oft den Eindruck, dass mir die Leute mit ihrem Gesichtsausdruck zu verstehen gaben: «Jetzt habe ich sie doch abgewählt, warum ist sie denn immer noch da?»

Sind Sie deshalb nach Bern gezogen?
Das hat bestimmt eine Rolle gespielt. Es war aber vor allem wegen der Arbeit. Ich hätte in Basel Mühe gehabt, einen neuen Job zu finden.

Warum glauben Sie das?
Mit der Wahl zur Regierungsrätin bin ich zu einer anderen Person mutiert. Wahrscheinlich hat es damit zu tun, dass man als Mitglied der Regierung alles andere ablegt – man ist nur noch Politikerin. Ein

potenzieller Arbeitgeber winkt ab, weil er glaubt, dass er einem dieses einmalig hohe Niveau nicht mehr bieten kann. Für Männer ist das tatsächlich ein Problem. Wieder neu anfangen, nach einem «Absturz» das Positive mitnehmen und eine normale Anstellung annehmen – diese Bereitschaft ist bei Frauen meines Erachtens grösser als bei Männern.

Weshalb haben die Männer damit ein Problem?
Vielleicht liegt es daran, dass viele Politiker Charaktere sind, die sich grundsätzlich nicht leicht unterordnen können. Vielleicht haben wir Frauen auch eine andere Vorstellung von Arbeit.

Oder eine andere Vorstellung von Macht?
Ich war eine sehr strenge und mächtige Chefin.

Was heisst für Sie mächtig?
Ich bin klar, strikt, streng und konsequent. Und ich gehe als Vorgesetzte mit der Macht möglichst transparent um.

Sie sagen, Sie seien streng, gerecht, konsequent. Stur, arrogant und unnahbar waren häufig genannte Begriffe im Zusammenhang mit Ihrer Person. Ist es so, dass man die positiven Attribute den Männern, die negativen den Frauen zuschreibt?
Ich habe die Beobachtung gemacht, dass Frauen, einmal gewählt, mehr arbeiten als politisieren. Sie haben einen Gestaltungswillen und scheuen die Veränderung nicht. Während Männer, einmal im Amt, oft wenig Interesse an Veränderung zeigen.

Sie pflegen und intensivieren ihr Netzwerk, arrangieren sich leichter.

Frauen legen selbst mit Hand an und knien sich rein, sagen Sie. Ungeachtet der politischen Diplomatie? Helmut Hubacher, der sich in einem Zeitungsartikel sehr positiv über Sie äusserte, hat einmal gesagt, Sie seien politisch zu oft undiplomatisch.
Das wirft man wohl allen Frauen vor, die etwas erreicht haben.

Würden Sie einer Frau also abraten, ein Exekutivamt anzustreben?
Natürlich nicht! Ich würde ihr aber raten, auch grosses Gewicht auf die äussere Wirkung zu legen, nicht nur den Inhalt ihrer Arbeit ins Zentrum zu stellen. Auszuloten, wie sie sicher wirken kann, ohne dass man ihr das als Arroganz auslegt. Für Männer stellt sich diese Frage weniger. Ein Mann, der sicher auftritt, verschafft sich Respekt, über das

«bisschen Arroganz» sieht man mit Leichtigkeit hinweg.

Wie lange wird das noch so bleiben?
Für mich ist keine Veränderung in Sicht.

Und wenn das Verhältnis zwischen Männern und Frauen in der Regierung halbe-halbe wäre, würde es dann einfacher für die Frauen?
Das ist schwer zu realisieren, weil Frauen nicht unbedingt Frauen wählen. Ich bin gespannt, wie es im Kanton Zürich mit der mehrheitlich weiblichen Regierung weitergeht.

Haben Sie bei Ihrer Wahl die Frauensolidarität vermisst?
So kann man das nicht sagen. Ich habe nicht darauf geachtet, habe auch nichts dafür getan. Ich habe ja wirklich nicht damit gerechnet, abgewählt zu werden. Aber hätte die Frauensolidarität zu hundert Prozent funktioniert, wäre ich nicht abgewählt worden.

Warum ist Anita Fetz so glanzvoll in den Ständerat gewählt worden?
Stimmt, sie ist mit einem Glanzresultat gewählt worden. Da steckt wahnsinnig viel Arbeit dahinter. Sie hat ihre politische Karriere von langer Hand vorbereitet. Zudem haben sich die Bürgerlichen so dümmlich verhalten, dass Anita Fetz gleich im ersten Wahlgang gewählt wurde. Aber gerade bei den Frauen musste unglaubliche Überzeugungsarbeit

geleistet werden, damit sie Anita auch contre cœur wählten.

Bei Ihrer Abwahl wurde die zweite Frau, SP-Regierungsrätin Barbara Schneider, sehr gut wieder gewählt.
Aber auch erst im zweiten Wahlgang.

Warum?
Auch Barbara Schneider war umstritten, ist es wahrscheinlich jetzt noch.

Offensichtlich haben Sie also Fehler gemacht. Wurden Sie aus sachlichen Gründen abgewählt?
Sicher auch. Da war zum Beispiel diese Zentralwäscherei-Geschichte. Der Betrieb musste saniert werden, die Betriebskosten, besonders die Löhne, waren im Vergleich zur Konkurrenz zu hoch. Ich habe versucht, so «sozial» wie möglich die Löhne zu senken, um den Betrieb zu erhalten. Im Nachhinein stelle ich fest, dass ich mir selbst und vielleicht auch der Sache weniger geschadet hätte, wenn ich einfach nichts unternommen und den Dingen ihren Lauf gelassen hätte, statt mir die Zähne daran auszubeissen.

Aber Sie wollten eine Musterschülerin sein, wie Sie sich selbst bezeichnet haben. Sie haben heisse Eisen angefasst, wie zum Beispiel die Rationierung im Gesundheitswesen.
Ja, und das kommt einem politischen Selbstmord gleich. Leider haben in meinem Umfeld Leute mit dem Fuss auf der Bremse gefehlt.

Hätten Sie solche Leute denn nötig gehabt?
Wenn ich mich einmal einmische, dann wird ein Thema oder ein Geschäft zu meinem Kind, und ich lasse es nicht mehr los. Diese fehlende Distanz ist für Frauen oft ein Risiko, lässt sie arrogant und stur wirken; sie «kleben» am Thema. Da ist es für Dritte schwierig, sich einzuschalten und mehr Lockerheit zu verlangen. Genau das ist aber nötig.

So, wie Sie sich jetzt selber schildern – wäre es denn da überhaupt möglich gewesen, nicht abgewählt zu werden?
Wahrscheinlich nicht! Heute, zwölf Jahre nach meiner Wahl in den Regierungsrat, bin ich unabhängiger und weniger auf Lob und Anerkennung von anderen angewiesen.

Sie haben mit der Berufung eines Nicht-Baslers zum Museumsdirektor und mit dem Beschluss, alt Bundesrat Hans Peter Tschudi ein teures Medi-

kament zu verweigern, zwei Entscheide gefällt, die gegen den «Basler Daig» und wohl auch gegen die Männerbünde gerichtet waren.

Bei der Novo-Seven-Geschichte habe ich gar nichts entschieden. Ich wollte transparent machen, dass wir auf dem Weg zu einer Zwei-Klassen-Medizin sind. Bei der Stellenbesetzung der Museumsdirektion wollte ich mich nicht vom Geldadel unter Druck setzen lassen und die Schwester des Finanzdirektors wählen. In beiden Diskussionen ging es um ein klassisches linkes Anliegen – was die Linke leider wenig interessiert hat.

Haben Sie Ressentiments?
Eigentlich nicht. Aber ich bin froh, wenn ich einzelnen Leuten nicht mehr täglich begegne.

War es ein Handicap, die erste Frau in der Basler Regierung zu sein?
Ich war nicht nur die Erste, ich war zudem sehr jung, 36 Jahre alt. Womit wir eigentlich beim Thema Ruth Metzler sind. Da hat man sich auch gesagt: «Herzig, jetzt haben wir auch eine Junge.» Aber man hat sich nicht vorgestellt, dass die Junge alleine gehen kann, dass sie Sachen durchzieht, die denjenigen, die sie gewählt haben, nicht passen. Ruth Dreifuss hat mehr dem alten, herkömmlichen Bild entsprochen.

Reüssiert nur diese Art von Frauen längerfristig?
Sie haben vielleicht am ehesten die Chance, akzeptiert zu werden. Die Männer sind schon viel länger

im Geschäft, auch deshalb werden sie über ihr politisches Umfeld, ihre Partei definiert. Während die Frauen immer noch über das Geschlecht, über sich selbst als Person oder eben als Typ wahrgenommen werden, was sie angreifbarer macht.

Inwiefern würde ein Frauennetzwerk nützen?
Ich habe meines zu wenig genutzt. Ich habe mich so reingekniet in meine Arbeit und mich so sehr damit identifiziert, dass mir wenig Zeit für Netzwerke oder anderes blieb.

Haben Sie auf der Suche nach einer neuen Arbeit auf Ihr Netzwerk zurückgegriffen?
Ja, erfolgreich. Am Anfang hatte ich übrigens Mühe. Ich hatte Mühe, wieder voll zu arbeiten, und ich hatte den Eindruck, für alles viel mehr Zeit zu benötigen als früher. Ich war mir sogar unsicher, ob ich die Probezeit bestehen würde.

War diese Verunsicherung eine Folge Ihrer Abwahl?
Abgewählt zu werden bedeutet, «man will dich nicht mehr» und «wir haben uns in dir getäuscht». Das geht sehr tief. Bei aller Lockerheit, mit der ich heute damit umgehen kann, ist das eine tiefe Verletzung, die nie mehr vollständig heilt.

Spüren Sie diese Verunsicherung bei schwierigen Entscheiden, die Sie fällen müssen?
Nein, das nicht. Aber ich bin nicht mehr so sicher, was meine Einschätzung der anderen betrifft. Schliesslich hatte ich damals das Gefühl, ich sei

eine ganz gute Regierungsrätin, und stellte dann schmerzlich fest, dass ganz viele das nicht so sahen.

Sind Sie misstrauischer geworden?
Nicht gegenüber der ganzen Welt, aber gegenüber meiner Rolle darin.

Odile Montavon
Staatsrätin
von 1993 bis 1994

Odile Montavon bei einem Radiointerview nach ihrem ersten Versuch, in die jurassische Regierung zu kommen (1990)

x x x x x x x x x x x x x x x x x x x x x x x x x x x x x x x x x

Odile Montavon-Fricker, geboren 1949, verheiratet, zwei Kinder. Grundschulen in Delsberg, Kantonsschule in Porrentruy, Studium der Pharmazie an den Universitäten Genf und Basel. 1974–78 bei Hoffmann-La Roche in Basel beschäftigt, 1979–1996 mit zwei Jahren Unterbruch diverse Stellvertretungen als Leiterin von Apotheken in den Regionen um Basel und Delsberg. Mitglied des «Combat socialiste» seit 1981. Gründung und Präsidentin der Gruppe Nicaragua 1984. 1984–1993 Stadträtin von Delsberg (Legislative), 1986–1993 Mitglied des jurassischen Parlaments. 1993–1994 Vorsteherin des Erziehungsdepartements des Kantons Jura. Seit 2000 Stadträtin von Delsberg. Gründerin und Präsidentin des interjurassischen Kulturforums, daneben verschiedene Kommissionsaktivitäten. Das Gespräch mit Odile Montavon fand am 13. April 2004 in Delsberg statt.

Frau Montavon, Ihre Abwahl liegt zehn Jahre zurück. Was machen Sie heute?
Ich bin auf freiwilliger Basis in vielen Organisationen und Kommissionen tätig, beispielsweise als Präsidentin des interjurassischen Kulturforums. Bis vor kurzem war ich Präsidentin der Volkshochschule, und ich präsidiere nach wie vor das Aufsichtsgremium der Kantonsschulen.

Ist es typisch, dass sich Frauen nach einer Abwahl vor allem freiwillig betätigen?
Bei den Männern ist das schon anders. Ein Mann hätte eher die Tendenz zu sagen, dass er einen interessanten Posten finden muss. In meinem Fall arbeitet mein Mann aber zu hundert Prozent, wir können es uns also erlauben, nicht beide erwerbstätig zu sein. Im Übrigen muss eine Frau immer damit rechnen, dass sie abgewählt wird.

Warum?
Ihrer Wahl haftet etwas Zufälliges an. Nach dem Motto: «Man hat sie gewählt, kann sie aber auch wieder abwählen.»

Sie haben nach Ihrer Abwahl der Politik nicht den Rücken gekehrt, sondern sind ins jurassische Parlament zurückgekehrt. Haben Frauen weniger Hemmungen, einen Schritt zurück zu machen?
Tatsächlich empfinden es viele Männer als Rückschritt, wenn sie wieder in die Legislative zurückkehren, wie ich das gemacht habe. Frauen haben damit weniger Probleme.

Sie sind im Juni 1993 zur grossen Überraschung gewählt worden. War es ebenso überraschend, dass Sie fünfzehn Monate später abgewählt wurden?
Nein. Die linke Gruppierung «Combat socialiste», der ich angehöre, hat ja nur einen kleinen Wähleranteil. Mein Arbeitsstil war aber auch so, dass ich riskiert habe, nicht wieder gewählt zu werden. Ich habe zwar versucht, konstruktiv zu arbeiten, und habe meines Erachtens während meiner kurzen Amtszeit auch Dinge angepackt. Das hat die Parteien aufgeschreckt. Man wollte so schnell wie möglich wieder zur «Normalität» zurückkehren und den Freisinn, der bei meiner Wahl aus der Regierung gedrängt wurde, wieder vertreten haben.

Also war Ihr Geschlecht sowohl bei der Wahl als auch bei der Abwahl sekundär?
Bei meiner Wahl hat es eine viel grössere Rolle gespielt als bei meiner Abwahl. Obwohl ich während meiner Amtszeit natürlich immer wieder den Vorwurf hören musste, ich hätte meinen Ehemann und meine Kinder, die damals dreizehn und fünfzehn Jahre alt waren, im Stich gelassen. Ich erhielt böse Briefe und Anrufe, es war wirklich grässlich.

Wie haben Sie sich als Mutter und Regierungsrätin organisiert?
In meinen Augen ist es sehr gut gelaufen. Ich habe meine beiden Kinder erst kürzlich gefragt, ob sie diese Zeit in schlechter Erinnerung hätten. «Überhaupt nicht», haben sie geantwortet. Vor ein paar Jahren haben sie einmal im Scherz vorgeschlagen,

ich solle doch wieder kandidieren. Materiell sei es uns doch während meiner Amtszeit besser gegangen als heute …

Hat Ihr Mann ebenfalls zu hundert Prozent weitergearbeitet?
Nein. Sein Arbeitgeber Roche bewilligte ihm ein Arbeitspensum von dreissig bis vierzig Prozent. Allerdings wurde betont, dies sei eine einmalige Aktion und es handle sich dabei um eine Ausnahme. Es sei eben aussergewöhnlich, dass die Ehefrau zur Regierungsrätin gewählt würde. Ich war sehr beruhigt, dass mein Mann oft zu Hause war und die Kinderbetreuung übernehmen konnte.

Sogar Sie als Sozialistin sagen, ein Elternteil gehöre ins Haus?
Der Vorschlag kam von meinem Mann, er hatte Lust auf diese Arbeitsteilung.

Und kaum waren Sie abgewählt, hat er wieder zu hundert Prozent gearbeitet?
Am Tag meiner Nichtwiederwahl hat er ein Schreiben erhalten, in dem er vor die Wahl gestellt wurde: Entweder arbeiten Sie wieder Vollzeit, oder Sie müssen die Kündigung akzeptieren.

War die Kinderfrage mit ein Grund für Ihre Nichtwiederwahl?
Sie war sicher nicht der Hauptgrund. Der Kanton wünschte einfach eine Rückkehr zu den etablierten Parteien. Meine eigene Partei stellte sich auch nicht

mit der nötigen Unterstützung hinter mich. Obwohl ich meiner Ansicht nach nichts entschieden habe, was der Partei total gegen den Strich ging, konnte ich der Parteilinie doch nicht mehr in jedem Detail treu bleiben. Als Exekutivmitglied ist es einfach nicht möglich, keinerlei Kompromisse einzugehen.

Hat man auf die Mutter und Erziehungsdirektorin besonders grosse Hoffnungen gesetzt?
Das stand nicht im Vordergrund. Aussergewöhnlich war, dass ich als Chefin des Erziehungsdepartements nicht aus der Bildungswelt kam. Ich bin Pharmazeutin. Alle waren sehr interessiert zu sehen, wie eine, die nicht aus dem «Milieu» stammt, sich verhalten wird.

Wie waren die Erwartungen in die erste weibliche Regierungsrätin im Kanton Jura?
Sie waren enorm hoch. Ich hätte alles regeln müssen.

Traute man einer Frau mehr zu?
Vielleicht, ja. Zumindest unbewusst traut man einer Frau zu, dass sie verschiedene Dinge gleichzeitig tun kann. Das hängt wohl auch damit zusammen, dass Frauen traditionellerweise den Haushalt führen, die Kinder erziehen und sich häufig auch noch in der Freiwilligenarbeit engagieren. Mein Mann war am Anfang völlig erschöpft von seiner neuen Aufgabe als Hausmann. Während meiner Regierungszeit gehörten die Kultur, der Sport, das Gleichstellungsbüro und die Erziehung zu meinem Departement.

Fühlten Sie sich durch diese Erwartungen an Ihre «Multi-Tasking»-Fähigkeiten unter Druck gesetzt?
Ich lasse mich nicht so schnell unter Druck setzen. Ich bin es gewohnt, viel zu arbeiten, aber ich stehe selten unter Druck. Natürlich fehlte mir manchmal die Zeit, aber Stress kenne ich nicht. Es entspricht meinem Naturell, das weniger Wichtige beiseite zu legen und das Dringliche zu erledigen.

Inwieweit haben Sie während Ihrer Amtszeit auch Frauenpolitik betrieben?
Ich habe versucht, bei Personalentscheiden die Frauen zu privilegieren. Aber ich konnte keine einzige Top-Kaderposition mit einer Frau besetzen, aus dem einfachen, aber unerfreulichen Grund, dass sich keine Kandidatinnen zur Verfügung stellten. Also habe ich nur Männer nominiert. Aber ich habe immerhin die Arbeitszeiten familienfreundlicher gestaltet.

Haben Sie bewusst als Frau kandidiert?
In erster Linie habe ich kandidiert, weil ich grosse Lust dazu hatte. Vier Jahre vor meiner Wahl wurde ich schon einmal aufgestellt, allerdings ohne Erfolg. Damals fürchtete ich mich vor einer allfälligen Wahl. Vier Jahre später sah das anders aus. Ich hatte schon Dossierkenntnisse, sass als Legislativpolitikerin in wichtigen Kommissionen, verstand einiges von Finanzen und hatte viele Ideen.

Wie schwierig war der Wechsel von der Legislativ- zur Exekutivpolitikerin?
1998, also vier Jahre nach meiner Abwahl, habe ich wieder für die Legislative kandidiert und wurde gewählt. Ich realisierte dann aber, dass ich eigentlich keine Legislativpolitikerin bin, und bin dann vier Jahre später auch nicht mehr angetreten. Ich muss Sachen bewegen können, muss auf Vorschläge Gegenvorschläge präsentieren können, das liegt mir. Ich bin eindeutig eine Person, die gestalten und umsetzen will, also eine typische Exekutivpolitikerin.

Sie waren fünfzehn Monate im Amt. Konnten Sie während dieser kurzen Amtszeit Ihren Gestaltungswillen ausleben?
Ja. Auch meinen Arbeits- und Führungsstil konnte ich beibehalten. Meine fünfzehnmonatige Tätigkeit war geprägt vom Spardruck. Ich habe es trotzdem geschafft, die Stipendienbeträge nicht nur beizubehalten, sondern sogar noch zu erhöhen. Ich konnte meine Dossiers wirklich vorantreiben, und ich ha-

be den Eindruck, die Ergebnisse wirken bis heute nach. Aber natürlich hätte ich gerne weitergemacht.

Sie haben wenig Rücksicht auf die Brisanz der Dossiers genommen, sondern haben angepackt, was Ihnen wichtig erschien. Ist das frauenspezifisch?
Bis zu einem gewissen Grad schon, wobei natürlich ein gesundes Mass an Taktik dabei sein muss. Ich war ja sowohl von meiner Parteizugehörigkeit her als auch als Frau in der Minderheit. Hinzu kam, dass ich die Dossiers auch unter dem feministischen Aspekt beurteilte. Also musste ich schon taktisch vorgehen, sonst hätte ich nichts erreicht.

Hatten Sie es als Frau schwieriger?
Ich habe nie den Eindruck gehabt, als Frau in der Regierung einen besonders schweren Stand zu haben. Ich bin wegen meines Geschlechts auch nicht anders behandelt worden. Aber natürlich habe ich als Frau gehandelt, indem ich beispielsweise verlangt habe, dass in den Sitzungen auf der sprachlichen Ebene auch die weibliche Form verwendet wird.

Fühlten Sie sich auch gleich behandelt?
Wo ich wirklich eine ungleiche Behandlung festgestellt habe, das war in der Presse. Der Grund dafür ist mir bis heute unklar. Die Journalisten haben mich beispielsweise gefragt, wie ich mich denn als Mutter und Regierungsrätin organisiere. Ich hatte einen Kollegen, der war Vater von vier Kindern im ungefähr gleichen Alter wie meine. Niemals hätte

man ihn gefragt, wie er sich organisiere. Solche Fragen stellt man nur den Frauen.

Haben Sie die Journalisten darauf angesprochen?
Ja. Sie haben bestritten, dass sie einen Unterschied machen zwischen Mann und Frau. Als ich beim Chefredaktor nachhakte, sagte er mir, er habe nicht den Eindruck, ich würde ungleich behandelt.

Haben Sie anders regiert als Ihre männlichen Kollegen?
Eindeutig. Die Frauen, darüber habe ich auch mit meinen Kolleginnen diskutiert, nehmen viel weniger Rücksicht auf die Konsequenzen, die ihre Position haben könnte. Frauen dürfen in der Politik noch nicht allzu lange aktiv mitmachen. Die Karriere eines Mannes hat also immer noch eine viel grössere Bedeutung und Wichtigkeit als die einer Frau.

Warum nehmen Frauen weniger Rücksicht auf ihre Karriere?
Ich weiss nicht, ob es immer noch daran liegt, dass die Karriere nicht so wichtig ist, weil eine Frauenkarriere nach wie vor nicht akzeptiert wird, oder ob es eine Frage des Temperaments ist. Klar ist für mich aber, dass Frauen für eine Wahl ungleich mehr investieren müssen als Männer. Es braucht sehr viel mehr Energie, nicht nur, um gewählt zu werden, sondern auch, um an der Spitze zu bleiben.

Einem Mann verzeiht man es noch viel weniger, wenn er nicht reüssiert. Ist eine Abwahl für eine Frau weniger schlimm als für einen Mann?
Ich kenne Frauen, für die war die Abwahl dramatisch. Aber bei Männern ist eine Abwahl immer dramatisch, zumindest nehme ich das so wahr.

Wie war es für Sie?
Für mich war es kein Drama. Ich habe viel in Nicaragua gearbeitet und dort unter anderem Wahlen beobachtet. In Nicaragua eine Wahl zu verlieren, das kam fast einer Todesstrafe gleich, weil eine Nichtwahl auch körperliche Bedrohung zur Folge haben kann. Vielleicht habe ich deswegen alles etwas relativiert und meine eigene Abwahl nicht als dramatisch empfunden. Vor allem auch, weil ich den Eindruck hatte, meine Arbeit richtig gemacht zu haben.

Was müsste sich ändern, damit Frauen nicht mehr so häufig abgewählt werden?
Bei der Häufigkeit spielen verschiedene Faktoren mit. Zum einen ist es meines Erachtens eine Frage der Einstellung gegenüber Frauen, die sich aktiv einmischen. Zum anderen müsste sich auch sonst noch einiges ändern. Nehmen wir das Beispiel der Presse: Sie kritisiert die Oberflächlichkeit der Politik, stürzt sich aber auf die Sensationen, auf die Ankündigungspolitik. Gerade diese Ankündigungspolitik liegt den Frauen weniger. Sie machen weniger Aufhebens um ihre Arbeit, ihre Ideen, ihre Dossiers. Deshalb nimmt man die Sachpolitik der Frauen auch weniger wahr. Wollen wir unsere Chancen auf eine Wiederwahl erhöhen, müssen wir diese Haltung aufgeben. Nur hatte ich dazu keine Lust. Ich will nichts tun, was mir gegen den Strich geht und was ich später bereue. Natürlich hätte ich während meiner Amtszeit Konzessionen machen können, um eher wieder gewählt zu werden, aber das liegt mir nicht.

Haben Sie sich auch nicht beraten lassen?
Warum sollte ich? Ich hatte ein sehr gutes Verhältnis zur Verwaltung, hatte eine gute Entourage. Probleme gab es eher wegen meiner politischen Ausrichtung. Man nannte mich den «Roten Teufel», und das spürte ich vor allem im Parlament. Ich habe immer sehr transparent politisiert, selbst wenn ich harte Entscheide treffen musste. Ein jurassischer Bezirk beispielsweise erwartete, dass er auch ein Lycée bekommen würde. Ich habe den Menschen

dort klipp und klar gesagt, dass das nicht der Fall sein wird. Dieser Entscheid war in der Regierung schon vor meiner Wahl gefallen, wurde aber nie deutlich kommuniziert. Ich habe das dann nachgeholt, was wahltaktisch sicher nicht geschickt war. Wenn man so handelt, dann ist man unbequem und stört andere Kreise. Das tun Frauen eher als Männer.

Wäre mit mehr Frauensolidarität die Wiederwahl von Frauen eher zu schaffen?
Wissen Sie, auch ich habe keine Lust, eine SVP-Frau zu wählen, nur weil sie eine Frau ist.

Ihre freisinnige Nachfolgerin im Erziehungsdepartement hat es acht Jahre lang geschafft, bis sie abgewählt wurde. Wie erklären Sie sich ihr «Frauenschicksal»?
Ihre Partei hat sie zwar nie so richtig unterstützt, aber die Männer, die mit ihr kandidierten, haben sich gegenseitig demontiert. Und wenn zwei sich streiten, dann freut sich die Dritte. Ihre Abwahl hatte auch damit zu tun, dass es wieder einen Wechsel hin zu einer linksdominierten Regierung gab.

Auch Sie wurden nur sehr mangelhaft unterstützt von Ihrer Partei.
Das hat mich geärgert und verletzt, weil es um ungerechtfertigte Vorwürfe ging, um Sticheleien hinter meinem Rücken. Mein Mann hat nach meiner Abwahl alle Fäden zur Partei gekappt. Aber ich mache

weiter. Erstens sind viele Leute, die mich genervt haben, nicht mehr dabei. Und zweitens bin und bleibe ich eine Sozialistin.

Inwieweit hilft den Frauen die Pflege des Netzwerks?
Ich war politisch längst nicht immer mit Ruth Metzler einverstanden. Aber die Art, wie man sie behandelt hat, war unglaublich. Das hat mich richtiggehend schockiert. Das hat sicher auch damit zu tun, dass sie ihr Netzwerk zu wenig gepflegt hat.

Welchen Ratschlag würden Sie Frauen geben, die ein Exekutivamt anstreben?
Macht trotz allem weiter. Versucht, auf die den Frauen eigene Art zu politisieren. Aber betreibt unbedingt etwas mehr Ankündigungspolitik, und verkauft euch dadurch auch besser.

Stéphanie Mörikofer
Regierungsrätin
von 1993 bis 2001

Stéphanie Mörikofer bei einer Wehrmännerentlassung in Möhlin 1994

x x x x x x x x x x x x x x x x x x x x x x x x x x x x x x x x x x

Stéphanie Mörikofer-Zwez, geboren 1943 in Chur, verheiratet, zwei Töchter. Schulen in Schaffhausen, Biologie-Studium an der ETH Zürich, Assistentin an der Uni Bern, Doktorat. 1973–1976 Gymnasiallehrerin für Chemie an der Kantonsschule Schaffhausen. 1977–1990 Wissenschaftliche Mitarbeiterin an der Uni Basel. 1985 Habilitation. 1990–1993 Dozentin für Biochemie an der Uni Basel und Redaktorin einer wissenschaftlichen Zeitung. Seit 1973 Mitglied der FDP. 1985–1993 Mitglied des Grossen Rats im Kanton Aargau. 1993–1999 Vorsteherin des Gesundheitsdepartements des Kantons Aargau, 1999–2001 Vorsteherin des Finanzdepartements. 1999–2003 Verwaltungsratsmitglied NOK/axpo-Holding. Seit 2002 unter anderem Präsidentin des Spitex Verbands Schweiz. Das Gespräch mit Stéphanie Mörikofer fand am 3. März 2004 in Kaiseraugst statt.

Frau Mörikofer, neben Ihrem Sofa liegt die Biografie von Katharine Graham, der verstorbenen Verlegerin der «Washington Post». Ein Frauenvorbild?
Es ist eines der spannendsten Bücher, die ich je gelesen habe. Einerseits wegen der persönlichen Sicht dieser aussergewöhnlichen Frau, die stark von der Frauenbewegung der USA geprägt ist, dieser aber ambivalent gegenübersteht. Anderseits natürlich vom historischen Hintergrund her.

Orientieren Sie sich an Frauenbiografien?
Sie meinen im Sinne eines Vorbilds? Das nicht, denn als ich jung war, gab es eigentlich noch gar keine Frauenvorbilder. Natürlich, für Marie Curie haben wir alle einmal geschwärmt, aber nicht im Sinne eines Vorbilds. Meine Generation von Frauen musste ihren Weg fast ohne Vorbilder machen. Entsprechend eingeschränkt waren auch die Ausbildungswege. Das lässt sich exemplarisch auch an meiner Gymnasialklasse zeigen: Wir waren 25, davon fünf Mädchen, das sind zwanzig Prozent. Nur zwei von ihnen haben ein Studium abgeschlossen.

Wäre eine Karriere für eine Frau einfacher, wenn es mehr Frauenvorbilder gäbe?
Dessen bin ich mir nicht so sicher, bei mir war es jedenfalls nicht so. Für mich war es ein Vorteil, dass ich sehr früh lernen musste, mich in einer rein männlichen Umgebung zu bewegen. Was mir eigentlich nie Mühe gemacht hat.

Auch nicht im Amt?
Nein. Ich habe in meinem ganzen Leben nur zwei Männer erlebt, die es schlicht nicht ertragen haben, dass eine Frau ihnen sagt, was sie zu tun hätten. Dabei habe ich in meinem Amt fast nur mit männlichen Kadermitarbeitern zusammengearbeitet. Das Verhältnis war gut und herzlich.

Sie waren die erste und bisher einzige Frau in der Aargauer Regierung. Das lässt wohl darauf schliessen, dass es Frauen in diesem kantonalen Gremium nicht eben einfach haben.
Ich hatte das Glück, meine Amtszeit in einem Kollegium zu verbringen, das auf einem sehr hohen intellektuellen Niveau funktioniert hat. Das ist nicht unbedingt selbstverständlich und hat mir meine Arbeit sehr erleichtert. Was gelegentlich schwierig gewesen ist, vor allem am Anfang, war, dass immer ich bei allen Geschäften fragen musste, inwiefern die Frauenanliegen berücksichtigt würden. Ich sah das auch als meine Aufgabe an. Zu Beginn meiner Amtszeit wurden zum Beispiel bei der Besetzung von Kommissionen fast ausschliesslich Männer vorgeschlagen. Ich habe dann immer nach Frauenkandidaturen gefragt. Nach ungefähr einem Jahr war das nicht mehr nötig.

Hätte dieses gut funktionierende Gremium Ihre Abwahl nicht verhindern können?
Die Regierungszusammensetzung war nicht entscheidend. Vielmehr gab es viele Leute, vor allem im Grossen Rat, die es nicht ertragen konnten, dass

ich so hartnäckig bin. Ich kann auch relativ gut argumentieren. Von einem Mann wird akzeptiert, dass er sich durchsetzt, dass er stark ist, dass er gut argumentiert, dass man ihm nicht beikommen kann. Bei den Frauen erträgt man das weniger gut.

Aber acht Jahre lang hat man Sie ertragen. Warum der plötzliche Meinungsumschwung?
Es war ein gradueller Prozess. Ich hatte schon bei der ersten Wiederwahl das schlechteste Resultat erzielt. Es gab damals keine ernst zu nehmenden Gegenkandidaten, alle fünf Bisherigen traten wieder an und wurden bestätigt.

Ist es für eine Frau mit Ihrem Naturell überhaupt möglich, eine Wiederwahl zu schaffen?
Wenn man sich sehr stark zurücknimmt, wenn man auch Interessengruppen pflegt, die eigentlich nicht ganz das wollen, was man selber für richtig hält, wenn man langsam vorgeht und gelegentlich auch etwas durchgehen lässt, was man nicht gut findet, das einem aber persönlich für die Wahlen nützt, dann ist eine Wiederwahl möglich. Die Frage ist, ob man das will! Im Grunde genommen ist die erste Generation von Regierungsrätinnen wegen Eigenschaften gewählt worden, aufgrund deren sie nachher häufig wieder abgewählt worden sind.

Nämlich?
Durchsetzungsfähigkeit, Hartnäckigkeit, Intelligenz und Sachkundigkeit.

Passt sich die jetzige Frauengeneration diesen Erfahrungen an?
Ich habe schon den Eindruck, dass sie etwas gelernt hat aus dem, was geschehen ist. Sie verhält sich geschickter. Aber in der Statistik würde man sagen, das Sample ist so klein, dass diese Beobachtung momentan noch nicht sehr relevant ist.

Es gibt Beispiele von Frauen, die stark, hartnäckig, durchsetzungsfähig und intelligent sind, seit langem in der Regierung sitzen und immer wieder mit sehr gutem Resultat wieder gewählt werden. Etwa die Tessiner Staatsrätin Marina Masoni.
Sie hat nicht nur diese Eigenschaften, sie kommt auch aus einer «regimentsfähigen» Familie. Aus welcher Familie man stammt, hat im romanischen Kulturkreis schon immer eine stärkere Rolle gespielt als die Frage, ob man Mann oder Frau ist. Marina Masoni ist eine ganz gute Frau und Regierungsrätin, aber würde sie nicht Masoni heissen, hätte sie vermutlich ein Problem.

Nehmen wir ein anderes Beispiel, die Zürcher Regierungsrätin Verena Diener. Auf sie treffen die oben genannten Eigenschaften auch zu.
Sie ist geschickter als ich, weil sie der Kommunikation und der politischen Vorsicht grössere Bedeutung einräumt, als ich das gemacht habe. Sie macht es sehr gut.

Sie haben heisse Eisen angepackt, obwohl es gar nicht nötig gewesen wäre.

Ich konnte nicht anders, weil ich es sonst nicht hätte verantworten können. Nehmen wir einen typischen Fall während meiner Amtszeit, einen Fall, den andere möglicherweise hätten laufen lassen: Ich sah, dass bei der Stiftung Egliswil, die auch mit öffentlichen Geldern operierte, der Staat mit grösster Wahrscheinlichkeit über den Tisch gezogen worden war, und liess die Sache abklären. Die Abklärung selbst lag allerdings nicht mehr in meiner Zuständigkeit, sondern in der des Departementes des Innern und der Untersuchungsbehörden. Der Fall wurde leider nicht sehr gut geführt, nur konnte ich mich praktisch nicht mehr dagegen wehren. Einerseits konnte und wollte ich meine Kollegen nicht in die Pfanne hauen, anderseits durfte ich in einer laufenden Untersuchung auch nicht kommunizieren, was sich genau abspielte. Hinzu kam, dass die Leute, die mich ohnehin weg haben wollten, diesen Fall als Vehikel nutzten. Das geschah mit Hilfe der «Aargauer Zeitung», der heutigen «Mittelland-Zeitung».

Die Monopolzeitung wird vom Freisinnigen Peter Wanner geführt, der sich also gegen eine Freisin-

nige eingeschossen hat. Er muss doch seine Gründe dafür gehabt haben, eine Parteikollegin konstant anzugreifen?
Ich muss ganz ehrlich sagen, ich habe mir das nie richtig erklären können. Meines Erachtens ist die einzige einigermassen einleuchtende Erklärung, dass Peter Wanner unbedingt Rainer Huber im Regierungsrat haben wollte und in Kauf nahm, dass in der Majorzwahl nicht Rainer Hubers direkter Parteikonkurrent, sondern jemand anders auf der Strecke blieb.

Warum war es gerade die einzige Frau in der Regierung?
Ich war angreifbar.

Warum?
Ich hatte früher das Gesundheitsdepartement geführt und mir dort nicht nur Freunde gemacht. Dann übernahm ich das Finanzdepartement, wo ich eine nicht sehr beliebte Lohnreform, die mein Vorgänger vorbereitet hatte, umsetzen und zu Ende führen musste. Wahrscheinlich hätte ich bei der Übernahme des Finanzdepartements diese Reform stoppen sollen. Dann hätten zuerst wohl alle Zeter und Mordio geschrien, aber die Welt wäre schnell wieder in Ordnung gewesen. Für meine Wiederwahl wäre das wohl besser gewesen.

Warum werden Frauen überdurchschnittlich oft abgewählt?

In meinen Augen gibt es viele Gründe dafür. Eine Frau politisiert in der Regel sehr geradlinig. Wodurch sie links und rechts manche Feinde hinterlässt, die nur auf eine Gelegenheit warten, es ihr heimzuzahlen. Frauen gehen normalerweise auch keine Kompromisse im Hinblick auf eine Wiederwahl ein. Zudem haben Frauen oft noch mit einer gesellschaftlich negativen Grundstimmung zu rechnen. Gerade in ländlichen Gebieten sind immer noch viele Leute der Meinung, eine Frau gehöre nicht in den Regierungsrat. Das habe auch ich immer wieder gespürt. Und Frauen sind in ihrer Kampagne oft verwundbarer.

Weil sie mehr Emotionen zeigen?
Ich weiss nicht, ob das wirklich so ist. Mir hat man immer vorgeworfen, ich sei zu wenig emotional. Ich habe eher den Eindruck, eine Frau kann es nie recht machen. Wenn sie sich nicht emotional, sondern betont sachlich gibt, wird ihr das negativ ausgelegt. Ist sie emotional, dann kreidet man ihr das auch wieder an. Das macht wohl ein Stück unserer Verwundbarkeit aus.

Politisieren Frauen denn anders?
So allgemein kann man das nicht sagen. Aber als Frau hat man Freude am Job und macht ihn, so gut man kann, mit einem riesigen zeitlichen und persönlichen Einsatz. Ich persönlich bin viel nach draussen gegangen. Gerade als Leiterin des Gesundheitswesens muss man versuchen, die Bevölkerung einzubinden. Ich habe mich nicht an jeder

«Hundsverlochete» gezeigt, aber ich habe oft an öffentlichen Veranstaltungen erklärt, was ich will und wie ich es mache. Aber auf meinem Schreibtisch lag nie ein Brief mit der Notiz: «Erst nach den Wahlen abschicken.»

Bewusst nicht?
Das kam mir gar nicht in den Sinn.

Haben Sie sich in Ihrem Amt also zu wenig geschickt verhalten, beispielsweise auch, indem Sie auf Beratung verzichteten?
Das war für mich kein Thema, und das war vielleicht auch ein Fehler. Ich wollte meine Arbeit so gut wie möglich machen und liess mich nicht darüber beraten, ob etwas gut oder schlecht ankommt und ob es mir für die Wiederwahl nützt oder schadet.

Ist das typisch weiblich?

Ich denke, bis zu einem gewissen Grad schon. Das sieht man auch in der Wirtschaft. Frauen sind an der Arbeit und an der Aufgabe interessiert. Die klassische Karriere ist ihnen in der Regel viel weniger wichtig.

Weil man von ihnen weniger erwartet, dass sie Karriere machen, als von einem Mann, der Karriere machen muss.
Das ist richtig, ja. Allerdings müssen wir uns schon fragen, ob wir uns diesem Muster nicht anschliessen sollten. In diesem Zusammenhang fällt mir mein ehemaliger Chef an der Universität Basel ein. Eines Tages sagte er zu mir: «Wenn du deinen Job behalten willst, dann musst du dich jetzt habilitieren.» Ich habe mir lange überlegt, ob ich das wirklich tun muss. Schliesslich habe ich es gemacht, weil der Titel des Privatdozenten für die Karriere an der Uni absolut notwendig ist.

Hätten Sie die Wiederwahl ohne die negative Berichterstattung der Aargauer Monopolzeitung wieder geschafft?
Mir fehlten rund 2500 Stimmen. Das ist nicht viel. Wenn die «Aargauer Zeitung» nicht so massiv gegen mich vorgegangen wäre, hätte ich es wahrscheinlich wieder geschafft. Es fiel den Leuten auch auf, dass die «Aargauer Zeitung» während des Wahlkampfs nie etwas Positives über mich schrieb. Symptomatisch dafür ist vielleicht, dass der Grossratspräsident, als es langsam brenzlig wurde, einen sehr positiven Leserbrief verfasste, der dann auch

publiziert wurde, aber mit einem negativen Titel. Der Grossratspräsident hat daraufhin bei Peter Wanner interveniert, worauf der Leserbrief mit Hängen und Würgen nochmals mit einem positiven Titel publiziert wurde. Aber der Schaden war schon angerichtet.

Haben Sie seither mit Peter Wanner gesprochen?
Ich hatte und habe einfach keine Lust dazu. Ich habe es mir lange überlegt, ich habe auch Material gesammelt. Aber dann habe ich es bleiben lassen. An der Situation konnte ich nichts mehr ändern, und ich wollte auch nicht zum weiblichen Kohlhaas werden. Das wäre Vergangenheitsbewältigung gewesen, und die hat mich noch nie besonders interessiert.

Blieb kein Ressentiment, keine Verbitterung?
Im ersten Moment ist man wütend und verletzt. Man hat acht Jahre lang geschuftet für den Kanton und bekommt dann als Dank die Abwahl. Aber ich gehöre zur glücklichen Sorte Menschen, die solche Erlebnisse irgendwann ruhen lassen können. Aber es braucht einen Ablösungsprozess. Am Anfang habe ich noch gewisse Arbeiten im Aargau erledigt. Jetzt, drei Jahre später, bin ich dabei, viele Fäden zu kappen.

Wie wurde auf Ihre Abwahl reagiert?
Die Reaktion vor allem der Frauen war helles Entsetzen. Ich bin nachher überall sehr positiv aufgenommen worden. Zu den freisinnigen Frauen habe

ich nach wie vor ein ausgezeichnetes Verhältnis, ich helfe dort auch mit.

Hat sich die Lust am Politisieren nicht etwas gelegt?
Überhaupt nicht. Aber ich politisiere auf einer anderen Ebene, mehr auf der Sach- und der Interessenebene, dort mache ich viel, zum Beispiel im Gesundheitswesen.

Männer tauchen nach einer Abwahl oft wieder auf. Sie hätten doch auch das eine oder andere Verwaltungsratsmandat annehmen können?
Ich habe keine Angebote erhalten. Ich kenne auch keine Frau, bei der das anders gewesen wäre.

Worauf führen Sie das zurück?
Darauf, dass man uns die Wirtschaftskompetenz abspricht.

Obwohl Sie Finanzdirektorin waren?
Frauen bekommen dann Verwaltungsratsangebote, wenn man das Gefühl hat, sie könnten durch ihre politischen Beziehungen für das Unternehmen lobbyieren. Vreni Spoerry war im Nestlé-Verwaltungsrat, doch kaum war sie als Ständerätin zurückgetreten, wurde sie ersetzt. Notabene durch einen Mann, der auch nicht mehr im Amt ist, nämlich Kaspar Villiger.

In der Wirtschaft finden sich noch weniger Frauen an der Spitze als in der Politik. Gibt es Parallelen?
Es ist insofern anders, als in der Wirtschaft das

Kooptationsprinzip herrscht, wonach die Unternehmensspitze ihre Mitglieder selber wählt. Das ist für Frauen eine ganz besonders schwierige Situation, denn die bisherigen Mitglieder sind keine Frauen. In der Politik haben Frauen vor allem bei Persönlichkeitswahlen gute Chancen.

Hat es System, dass Frauen abgewählt werden und danach meistens keine guten Angebote mehr bekommen?
Das hat sicher damit zu tun, dass sich diese Frauen nicht genügend um ihre Unterstützung innerhalb der verschiedensten Netzwerke gekümmert haben. Sie kümmern sich zu sehr um ihre Arbeit statt um ihre Wiederwahl. Das ist bei Männern anders, denke ich. Wenn die Arbeit ihnen nützt, dann wird sie erledigt. Wenn sie schaden könnte, verschwindet sie eher in der Schublade. Wobei man auch hier nicht verallgemeinern darf.

Wenn also Frauen auf Exekutivebene erfolgreich sein wollen, müssen sie sich viel stärker aufs Taktieren konzentrieren?
Einerseits wollen wir, dass die politische Arbeit gut gemacht wird. Wenn wir anderseits immer wieder auf die Wiederwahl schielen und einen Teil unserer Energie dafür aufbringen müssen, können wir unsere Aufgabe nicht richtig erfüllen. Das lässt sich wohl nicht ändern, aber wir werden versuchen müssen, eine Balance zu finden. Regierungsratswahlen sind nun einmal Persönlichkeitswahlen. Ich bin aber überzeugt, dass sich diese Problematik

entschärfen wird, sobald mehr Frauen in der Regierung sitzen. Momentan sind es rund 23 Prozent, das ist schlicht zu wenig. Die Frauen brauchen einen Anteil von mindestens 40 Prozent, sonst können sie ihre Arbeit nie normal machen.

In der Zürcher Regierung haben die Frauen die Mehrheit. Mit welchem Effekt?
Das kann ich nicht beurteilen. Aber immerhin ist es erstaunlich, dass es vor der Wahl Unkenrufe gab, wie denn das rauskäme, wenn die Frauen die Mehrheit hätten. Diese Unkenrufe sind seit der Wahl verstummt.

Keine dieser Frauen, auch nicht die Frauen der linken Parteien, hat vor, während oder nach der Wahl betont, dass sich mit einer Frauenmehrheit etwas ändern würde.
Der entscheidende Schritt des Andersseins wird gemacht, wenn die erste Frau in die Regierung

kommt. Männer verhalten sich in Gegenwart einer Frau anders, als wenn sie unter sich sind. Sie sind sozial verträglicher und kommunizieren besser. Das sind meine eigenen Beobachtungen, die mir aber von Leuten, die es wissen müssen, bestätigt wurden. Sie betonen vor allem den Unterschied im Umgang miteinander, im ausgeprägteren kollegialen Verhalten.

Wären häufigere Treffen von «Peers», also Treffen unter Frauen in der gleichen Position, hilfreich für eine erfolgreiche Amtstätigkeit?
Sie sind sicher gut für den Erfahrungsaustausch. Aber die Vernetzung, die einem im Amt wirklich hilft, muss sich auf die Abstützung im eigenen Kanton richten. Damit meine ich Mitgliedschaften in Service-Clubs, Studentenverbindungen, Handelskammern und so weiter. Aber da treffen sich meistens die Männer.

Viele dieser Netzwerke stehen auch den Frauen offen.
Soi-disant stimmt das. Aber der Prozentsatz von Frauenmitgliedschaften entspricht der Alibi-Quote. Natürlich gibt es auch Service-Clubs für Frauen, solche Vernetzungen braucht es auch. Aber die Vernetzung von Männern hat Tradition und beginnt von jeher beim Studium. Die Frauen beginnen erst jetzt damit, das stelle ich zum Beispiel bei meiner Tochter fest. Sie pflegt ihre Beziehungen aus dem Studium sehr bewusst.

Ist der berufliche Weg für die heutigen Frauen einfacher?
Bis zum Ende der Ausbildung sicher, denn bis dahin finden praktisch keine Diskriminierungen mehr statt. Aber das grosse Problem beginnt, wenn die Frauen Kinder haben möchten. Kinder, Beruf und Familie unter einen Hut zu bringen, ist heute genauso schwierig wie zur Zeit, als ich Kinder hatte. Deshalb stossen die Frauen dann auch an die gläserne Decke.

Sie waren gleichzeitig Regierungsrätin und Mutter.
Meine jüngere Tochter stand bei meinem Amtsantritt ein halbes Jahr vor ihrer Matura. Ein Regierungsamt ausüben mit betreuungsbedürftigen Kindern würde bedingen, dass der Ehepartner bereit ist, den grössten Teil der Betreuungsaufgabe zu übernehmen. Ich habe mir vier Jahre vor meiner Kandidatur bereits einmal überlegt, ob ich kandidieren soll, und habe damals darauf verzichtet, nicht zuletzt, weil mein Mann zu jener Zeit oft im Ausland weilte.

War es nie ein Thema, dass Ihr Mann auf seine Karriere verzichtet?
Nein, nicht einmal bei uns, obwohl ich einen sehr emanzipierten Ehemann habe. Ehrlich gesagt, wäre das auch mir nicht in den Sinn gekommen. Ich bin in einem sehr konservativen Milieu aufgewachsen, habe aber zum Glück einen Vater gehabt, der die Meinung vertrat, auch ein Mädchen dürfe aufs Gymnasium gehen.

Welchen Ratschlag würden Sie den Frauen der Zukunft geben?
Unterstützt euch gegenseitig, vernetzt euch, versucht, miteinander aktiv zu sein. Einzelkämpferinnen haben keine Chance.

Anita Rion
Staatsrätin
von 1995 bis 2002

Anita Rion wird zu ihrer Wahl am 6. November 1994 in den jurassischen Regierungsrat beglückwünscht

x x x x x x x x x x x x x x x x x x x x x x x x x x x x x x x

Anita Rion, geboren 1957, geschieden, ein Sohn. Nach den Schulen im Kanton Jura Lehre in Mikrotechnik. Verschiedene Weiterbildungen in Informatik und Design. 1989–1992 Direktorin eines Forschungs- und Entwicklungsbüros. 1988–1992 freisinnige Grossrätin, 1987–1994 Stadträtin. 1995–2002 Vorsteherin des Erziehungsdepartements des Kantons Jura. Regierungspräsidentin im Jahr 2002. Seit 2003 Postgraduate-Ausbildung in Management an der Universität Freiburg. Das Gespräch mit Anita Rion fand am 29. Juni 2004 in Delsberg statt.

Frau Rion, Sie wurden nach acht Jahren abgewählt, Ihre Vorgängerin Odile Montavon im Erziehungsdepartement nach nur fünfzehn Monaten. Ist der Kanton Jura nur dem Schein nach progressiv?
Das ist nicht von der Hand zu weisen. Es ist zwar traurig für einen Kanton, der den Ruf geniesst, sich über Jahrzehnte hinweg in verschiedenster Hinsicht für die Gleichstellung eingesetzt zu haben. Aber ich glaube wirklich, dass die Jurassier viel grössere «Machos» sind, als man das aufgrund der Geschichte des Kantons vermuten würde.

Als Vorsteherin des Erziehungsdepartements gehörte das Büro für Gleichstellung des Kantons Jura in Ihren Verantwortungsbereich. Hätten Sie es nicht in der Hand gehabt, die gesellschaftlichen Verhältnisse zu verbessern?
Ich bin tatsächlich unzufrieden damit, was ich diesbezüglich erreicht oder eben nicht erreicht habe. Wir wissen, dass Frauen auch zwanzig Jahre nach Aufnahme des Gleichstellungsartikels in die Bundesverfassung erheblich weniger verdienen als die Männer. Das habe auch ich nicht ändern können.

Vielleicht hat das Gleichstellungsbüro auch nicht mehr erreicht, weil Sie als Chefin betont haben, dass Sie sich nicht als Feministin verstehen, sondern als feminine Person?
Diese Aussage hat mit meinem familiären Hintergrund zu tun. Ich habe einen technischen Beruf gewählt und mich in einer Domäne bewegt, die sehr männlich geprägt war. Ich war fast überall die ein-

zige Frau und habe sehr schnell gelernt, dass man nicht über das Geschlecht, sondern über die Kompetenz ernst genommen wird. Weil es als Frau aber schwieriger ist, sich zu behaupten, wollte ich immer perfekt sein, zu perfekt vielleicht. Was die Frauenpolitik anbelangt, so habe ich immer versucht, gleichzeitig feminin und kompetent aufzutreten, sowohl im Beruf als auch in der Politik. Ich war schon 1994 der festen Überzeugung, dass wir eine Mutterschaftsversicherung brauchen und diese über die Militärerwerbsersatzordnung finanzieren müssen. Gerade als bürgerliche Frau weiss ich, was die Frauen alles für das Militär gemacht haben – nicht nur historisch betrachtet, sondern auch heute, wo sie den Männern oft den Rücken freihalten. Der Kanton Jura ist aber auch in der Frauenpolitik nicht gerade progressiv, zum Beispiel, was die Krippenorganisation betrifft.

Haben Sie selber Kinder?
Ich habe einen Sohn. 1997, mein Sohn war damals zwölf Jahre alt, habe ich mich scheiden lassen. Meine Partei war entsetzt, weil die Scheidung natürlich nicht gerade imagefördernd war und kurz vor meinem Präsidialjahr publik wurde. Aber ich konnte schlicht nicht mehr so weiterleben. Die Scheidungszeit war grässlich. Auch da habe ich wieder realisiert, wie sehr der Kanton Jura von «Macho»-Typen geprägt ist: Der Scheidungsrichter hat das Sorgerecht meinem Exmann zugesprochen. Für ihn war klar, dass ich ausser der Politik nichts im Kopf hatte. Er fragte mich nicht einmal danach,

wie ich mich denn arrangieren würde, falls ich das Sorgerecht erhielte.

Ihrer Wiederwahl im Jahr 1998 hat die Scheidung nicht geschadet.
Ich wusste, dass die Wiederwahl sehr schwierig würde. Aber nicht wegen der Scheidung, sondern weil es für mich keine gute Legislatur war. Ich bereitete also schon meinen Ausstieg vor und beabsichtigte, wieder in meinen angestammten Beruf zurückzukehren. Im Jahr 2002 rechnete ich hingegen nicht mit einer Nichtwiederwahl. Aber als es geschah, schrieb ich mich am nächsten Tag als Studentin an der Universität Freiburg ein. Für einen Wiedereinstieg in meinen angestammten Beruf war ich zu lange weg vom Fenster gewesen. Ich arbeite gerade an meiner Diplomarbeit im Studienfach «Management, Qualitätssicherung und Umwelt» und schliesse demnächst ab.

Man hat Ihnen vorgeworfen, Ihr Departement nicht im Griff zu haben, und Personalentscheide, wie die Entlassung Ihres Sekretärs, wurden kritisiert.
In der Wirtschaftswelt ist es ganz normal, dass man sich seinen engsten Mitarbeiterstab individuell zusammenstellt. Und in der Wirtschaftswelt wird auch erwartet, dass man Entscheidungen trifft. In der Politik hingegen läuft das ganz anders. Entscheidungsfreudigkeit ist keine sehr beliebte Eigenschaft, weil sie eine Kaskade von Konsequenzen für die verschiedensten Kreise nach sich zieht, die nicht allen passen und für die sie sich dann revanchieren.

Hinzu kommt, dass man bei Männern viel eher toleriert, dass sie sich von Mitarbeitern trennen, als bei Frauen.

Hatten Sie Ihr Departement im Griff?
Ich bin überzeugt davon. Aber es herrschte von Anfang an eine gewisse Missgunst. Ich habe eine technische Ausbildung und keinen Universitätsabschluss, ich habe zwar ein kleines Unternehmen geführt, aber keine grossartige Führungserfahrung vorweisen können, und ich habe politisch nicht den ganzen traditionellen Parcours durchlaufen. Man wollte einfach nicht einsehen, dass eine Frau mit diesem Hintergrund auch ein Erziehungsdepartement führen kann. Ich musste mir als Frau auch Unglaubliches gefallen lassen. Richtig ist, dass ich in meiner ersten Legislaturperiode viele schwierige Geschäfte durchbringen musste und viele Konflikte ausgetragen habe. Aber ich wurde wieder gewählt. Die zweite Amtsperiode war viel erfolgreicher, trotzdem wurde ich abgewählt.

Welche Gründe waren Ihrer Meinung nach massgebend für Ihre Nichtwiederwahl?
Jeder und jede zweite Freisinnige hat mich auf der Liste gestrichen.

Warum?
Eigentlich hat das schon 1994 begonnen, als ich das erste Mal kandidierte. Die Partei stand schon damals nur halbherzig hinter mir, und die Wahl war für sie eine mindestens so grosse Überraschung wie

für mich. Unter fünf Kandidaten, darunter sehr bekannte Persönlichkeiten, war ich die einzige Frau. Man sah in mir keinerlei Konkurrenz und nahm mich auch nicht ganz ernst. Ich war aber nicht bereit, einfach nur als Dekoration für die Partei anzutreten. Ich bin nie über Beziehungen zu höheren Weihen gelangt, im Gegenteil, ich habe mir alles erarbeitet. Ich habe dann eine gute Listenplatzierung erreicht und mich im Wahlkampf voll eingesetzt. Für mich war das nicht ganz selbstverständlich, da ich eine introvertierte, eher scheue Person bin, die sich manchmal überwinden muss, in der Öffentlichkeit aufzutreten. Und dann wurde ich zur grossen Enttäuschung vieler Parteikollegen gewählt. Bei der ersten Wiederwahl 1998 wurde ich vor allem von den anderen Parteien sehr gut unterstützt. Danach gab es haufenweise Komplotte von Seiten meiner eigenen Partei. Mein Wahlresultat war 1998 nicht gut, man hat sich aber nie die Mühe gemacht, dieses gemeinsam mit mir zu analysieren und die Konsequenzen daraus zu ziehen. Man kann ja auch aus dem Negativen lernen, aber ich wäre dabei auf die Hilfe der FDP angewiesen gewesen.

Warum haben Sie die Probleme in der Partei nie zur Sprache gebracht?
Im Nachhinein muss ich sagen, dass das ein grosser Fehler war. Ich hätte die mangelnde Unterstützung der Partei, die Intrigen thematisieren und auch einmal auf den Tisch schlagen müssen. Dann wäre es vielleicht zur grossen – auch öffentlichen – Auseinandersetzung gekommen. Aber dieses Vorgehen liegt mir nicht.

War die Partei gegen Sie als Frau oder gegen Sie als Person?
Sie war gegen mich als Frau.

Sie würden also einer Frau, die sich eine Karriere in dieser Partei erhofft, abraten?
Im Kanton Jura auf jeden Fall. Man setzt die Frauen auf die Liste, weil sich das gut macht, aber Unterstützung bekommen die Frauen von der FDP Jura nicht.

Wie haben Sie sich angesichts dieser mangelnden Unterstützung verhalten?
Ich habe mich nie verleugnet. Ich habe so politisiert, wie die Frauen in meinen Augen generell politisieren: Sie sind transparent, loyal und weniger zweideutig. Fragt man einen Mann, ob er kandidiert, dann rückt er seine Krawatte zurecht und

sagt: «Jaja, ich kandidiere.» Eine Frau fragt zuerst: «Bin ich denn kompetent genug?» Es fehlt uns an Selbstbewusstsein, und das schwächt unsere Position. Denn wenn man die eigenen Kompetenzen anzweifelt, werden diese Zweifel übernommen. Immerhin beginnt die heutige Frauengeneration, wie die Männer zu argumentieren. Das bereitet mir allerdings auch etwas Sorge, weil Frauen zu Karrieristinnen werden.

Ruth Dreifuss, die es bis anhin als Einzige geschafft hat, freiwillig zurückzutreten, war keine Karrieristin.
Sie wurde mehr als Grossmutter wahrgenommen und damit nicht als Bedrohung für die Männer.

Micheline Calmy-Rey ist im Gegensatz zu Ruth Dreifuss Grossmutter, wirkt aber nicht so. Wird sie es schaffen?
Ja, denn sie ist der Karrieretyp. Entweder ist man der Grossmutter- oder aber der Karrieretyp. Für die Mitte gibt es keinen Platz.

Haben es Frauen in der Politik in gewisser Hinsicht nicht auch einfacher?
Nein, das glaube ich nicht. Ich glaube hingegen, dass sie in gewisser Hinsicht erfolgreicher sind. Wir können die Leute besser einbeziehen. Wir haben eine empathischere Art als Männer. Es gelingt uns besser, Projekte voranzutreiben, weil wir die Involvierten besser einbinden und ihnen den Eindruck vermitteln können, dass sie am Projekt massgeblich

beteiligt und deshalb auch für den Erfolg verantwortlich sind. Das hat vielleicht auch damit zu tun, dass wir Frauen normalerweise nicht nur vom teamorientierten Führen reden, sondern es auch umsetzen.

Was muss geschehen, damit die Frauen sich in der Exekutivpolitik nachhaltiger durchsetzen?
Ich finde, man sollte nicht von der Exekutivpolitik sprechen, sondern ganz generell von der Stellung der Frau. Und da bin ich nicht sehr optimistisch. Ich stelle bei den zwanzigjährigen Frauen eine beunruhigende Entwicklung fest: Sie ziehen sich in den Haushalt zurück, geben sich mit der Hausarbeit und der Kindererziehung zufrieden. Ich diskutiere oft mit diesen jungen Frauen und lege ihnen meine An-

sicht darüber dar, nämlich dass mit diesem Verhalten viel volkswirtschaftliches Kapital verloren geht. Die ökonomische Welt bewegt sich so schnell, dass ein späterer beruflicher Wiedereinstieg sehr schwierig ist. Wir müssen unsere Kompetenz überall und jederzeit zeigen. Nur so behaupten wir uns in allen Bereichen.

Wie bringt man die Frauen dazu, diese Haltung zu teilen?
Wir müssen bei der Erziehung beginnen, das ist das Entscheidende. Wir müssen Mädchen und Jungen «neutral» erziehen. Mein Sohn wünschte sich, als er klein war, unter allen Umständen eine Barbie-Puppe. Zuerst war ich etwas schockiert: «Das gehört sich doch nicht für einen Jungen», dachte ich. Aber warum eigentlich nicht? Ein Junge hat das Recht, mit einer Puppe zu spielen und auch einmal zu weinen. Ein Mädchen hat das Recht, einen Jungen auch mal zu stossen und sich durchzusetzen. Wir Frauen müssen besser lernen, uns durchzusetzen.

Rita Roos
Regierungsrätin von 1996 bis 2000

Rita Roos im Gespräch mit Hillary Clinton 1998 in der St. Galler Stiftsbibliothek

x x x x x x x x x x x x x x x x x x x x x x x x x x x x x x x x x x x

Rita Roos-Niedermann, geboren 1951 in Lichtensteig SG, verheiratet. Nach Besuch der Schulen in Lichtensteig und Freiburg Jurastudium an der Universität Freiburg mit Abschluss des Lizentiats 1975. Anwaltspatent im Kanton Luzern. 1981–1984 juristische Mitarbeiterin im Rechtsdienst der Kantonalen Steuerverwaltung des Kantons Luzern. Danach Gründung einer eigenen Anwaltskanzlei in Lichtensteig. 1988–1996 CVP-Mitglied des Kantonsrates des Kantons St. Gallen. 1996–2000 Vorsteherin des Volkswirtschaftsdepartements des Kantons St. Gallen. 2000 bis 2002 Studienaufenthalt in den USA. Diplom in Business Management der USD (University of San Diego) 2001, Master of Law (LL.M.) der USD (University of San Diego School of Law) 2002. Ende 2002 Wiedereintritt in ihre Anwaltskanzlei in Lichtensteig. Seit 2001 Mitglied des Präsidiums von Pro Infirmis Schweiz, seit Juni 2003 Präsidentin. Das Gespräch mit Rita Roos fand am 30. März 2004 in Lichtensteig statt.

Frau Roos, was ging Ihnen durch den Kopf, als Frau Metzler abgewählt wurde?[4]
Einen Augenblick lang habe ich mich an meine Situation erinnert: Das Wahlergebnis liegt vor, es ist entschieden. Sekunden trennen die Kandidatin zwischen der Ungewissheit und der Gewissheit über den Wahlausgang. Sekunden bestimmen über das weitere Schicksal, den weiteren Weg – beziehungsweise darüber, dass der eingeschlagene Weg zu Ende ist. Bei der Nichtwahl von Ruth Metzler empfand ich es als ausgesprochen widerlich, dass die gleichen Parlamentarier, die sie 1999 schenkelklopfend als Bundesrätin gewählt hatten, sie fallen liessen.

Sie sprechen damit vor allem die bürgerlichen Parlamentarier an.
Frauen werden vor allem in den bürgerlichen Parteien immer noch häufig benutzt, um das Image der Partei im Sinne von Frauenfreundlichkeit und Modernität aufzubessern. Sozusagen «der Not gehorchend, nicht dem eigenen Trieb», werden Frauen portiert. Man(n) steht aber nicht aus voller Überzeugung zu der Kandidatin, da man(n) meint, ein Mann würde es bestimmt besser machen. Auch nach geglückter Wahl werden die Frauen in der Regel kritischer beobachtet und begutachtet. Bei der Beurteilung spielen äusserliche Kriterien mit, die bei den Männern keine Rolle spielen: das Outfit, der Lippenstift, die Brille, die Figur. Oder haben Sie schon einmal gehört, dass in den Medien über einen Politiker berichtet wurde, er hätte einen

dicken Bauch, er sei zu gross, zu klein oder zu hässlich?

Legt sich diese grundsätzliche Skepsis im Laufe der Amtszeit?
Im Gegenteil. Stolpert die Frau über unvermeidbare Unwegsamkeiten im Amt, dann zeigt sich, wie schnell die von Anfang an vorhandene Skepsis überhand nimmt. Man(n) hat es ja schon immer gewusst oder zumindest vermutet, dass die Frau nicht wirklich fähig ist, das Amt auszuüben. Die ursprüngliche Unterstützung beginnt brüchig zu werden und schliesslich zu bröckeln. Die Frau fällt immer mehr in Ungnade. Die politischen Freunde verdrücken sich zunehmend und wollen nicht mehr mit der in der Kritik stehenden Amtsträgerin in Verbindung gebracht werden.

Hat das nicht auch damit zu tun, dass die Frauen auf zu wenig Netzwerke bauen?
Ich glaube, Männer sind besser vernetzt als Frauen, zumindest Männer meiner Generation. Militär, Studentenverbindungen, die «old boys' networks», das Männerbündlerische verbinden Männer ein Leben lang. Die Männer haben in Exekutivpositionen der Wirtschaft oder der Politik auch eine viel längere Geschichte als die Frauen. Frauen sind da noch immer «specie rara» und werden aus diesem Grund mit Argwohn beobachtet. Häufig wird Frauen noch immer nicht zugetraut, dass sie fähig sind, Exekutivämter auszuüben, und das vielleicht auf eine etwas andere Art.

Inwiefern anders?
Frauen werden oft in der Meinung gewählt, sie seien leicht beeinflussbar, leicht zu führen. Hat die Frau ihren eigenen Stil, ihre eigene Meinung und ihre eigene Linie, distanziert man sich von ihr. Die etwas andere Art liegt bei uns Frauen oft darin, dass wir uns primär für die Sache interessieren und nicht für Parteiinteressen. Auch berühren uns die Lebensvorgänge sehr direkt, die hinter den Gesetzen und Regelungen liegen. Ich wollte immer wissen, wie etwas aus meinem Departement funktionierte, zum Beispiel die Wirtschaftsförderung, die Regionalen Arbeitsvermittlungszentren oder der öffentliche Verkehr.

Und wie haben Sie sich darüber ins Bild gesetzt?
Durch Besuche an der Front und direkte Gespräche mit den Betroffenen. Es war mir ein Anliegen, nicht vom «Olymp» der Regierung in der Hauptstadt aus «zum Volk hinunter» zu regieren. Deshalb habe ich in meinem Jahr als Frau Landammann an einem Samstag im Monat in den verschiedenen Regionen des Kantons Landammann-Sprechstunden für die Bevölkerung durchgeführt. Frauen und Männer konnten spontan und unangemeldet zu mir kommen und mit mir ihre Anregungen, Anliegen und Sorgen besprechen. Diese Sprechstunden wurden lebhaft benutzt. Ich liebte diesen direkten, spontanen Kontakt. Das gab mir Gelegenheit, direkt und ungefiltert mit Menschen aus dem Kanton in Verbindung zu treten und ihre Anliegen kennen zu lernen.

Und wie haben Sie sich vor Amtsantritt auf die neue Situation vorbereitet?
Ich führte verschiedene Gespräche mit meinem Amtsvorgänger und wurde durch den Generalsekretär-Stellvertreter in die hängigen Geschäfte eingeführt. In ganztägigen Seminaren stellten mir die verschiedenen Ämter ihre Mitarbeitenden sowie ihre Aufgaben und Geschäfte vor. Das Volkswirtschaftsdepartement war damals mit zahlreichen Gesetzesreformen beschäftigt, die den Anschluss an neue Bundesgesetze ermöglichen mussten, und das auf Gebieten, die während Jahrzehnten relativ statisch geblieben waren. Meine Mitarbeitenden und ich hatten alle Hände voll zu tun. Ich war von meiner Arbeit begeistert, ja geradezu getrieben. Die für mich teilweise neuen Fachbereiche interessierten mich, und ich ging die neue Aufgabe mit viel Elan an. Ich glaubte, dass wir im Departement, wenn wir uns nur genügend dafür einsetzten, jedes gesetzte Ziel erreichen würden, dass wir sogar «einen toten Hund wieder lebendig machen» könnten.

Schlagzeilen haben aber vor allem Ihre personellen Entscheide gemacht. Sie haben sich von Ihrem Generalsekretär getrennt.
Der freisinnige Generalsekretär hatte lange Jahre im Departement gedient. Bereits vor meinem Amtsantritt hat er ein Verhalten gezeigt, das für mich wenig Vertrauen erweckend war. Dieser Eindruck bestätigte sich bereits an meinem ersten Amtstag. Drei Monate nach Aufnahme meiner Amtstätigkeit beschloss die Regierung, sich vom Generalsekretär

des Volkswirtschaftsdepartements einvernehmlich zu trennen. Es war also kein einsamer Beschluss meinerseits, sondern ein Beschluss der Gesamtregierung als Wahlbehörde. Dennoch war es ein Novum in der Verwaltung und trug mir eine böse Medienkampagne der freisinnigen Tagespresse ein. Im Bundesrat ist es üblich, dass die engsten Mitarbeiter der Departementsvorsteher bei einer Neuwahl ausgewechselt werden. Das Gleiche gilt in der Wirtschaft.

Hätte ein Mann anders gehandelt?
Ich habe tatsächlich die Erfahrung gemacht, dass Männer in ihren Departementen anders gehandelt haben. Sie haben sich lange, oft auch zu lange, nicht von Mitarbeitenden getrennt, mit denen sie nicht optimal zusammenarbeiten konnten oder die das Anforderungsprofil nicht erfüllten. Mit den Jahren – zum Beispiel im Zuge von Reformen – haben sie solche Mitarbeiter dann still und ohne Aufhe-

bens «umplatziert». Das war sicher einfacher. Aber ich bin der Meinung, dass man als Führungsperson, wenn nötig, auch unbequeme Entscheidungen treffen muss.

Ihre schnelle Trennung von Personen in Schlüsselpositionen war taktisch ungeschickt.
Es gibt Entscheidungen, die kein langes Taktieren zulassen. Der Generalsekretär oder die Generalsekretärin ist die Person, mit der man als Regierungsrätin am engsten zusammenarbeitet. Da ist gegenseitiges Vertrauen unerlässlich. Der Entscheid hat mir schlaflose Nächte bereitet. Mit dem Generalsekretär ging auch viel Wissen und Erfahrung verloren, und dies erst noch während meiner Einarbeitungszeit.

Warum war das Echo auf Ihre Personalentscheide so negativ?
Wie gesagt, der Beschluss der Gesamtregierung war ein Novum in der sankt-gallischen Verwaltungslandschaft. Zudem gehörte der Generalsekretär der FDP an. Als langjähriger oberster Stabsmitarbeiter des Vorstehers des Volkswirtschaftsdepartements war er nicht nur mit der Verwaltung, sondern auch mit den externen Partnern des Departements, zum Beispiel mit den Medien, gut vernetzt und dürfte dieses Netz rege genutzt haben. Damals existierten im Kanton St. Gallen noch zwei grosse Tageszeitungen, die «Ostschweiz», die meiner Partei, der CVP, nahe stand, und das «St. Galler Tagblatt», das freisinnig ist. Die Negativkampagne wurde bezeichnen-

derweise im «St. Galler Tagblatt» geführt. Hinter vorgehaltener Hand gratulierten mir aber viele Mitarbeitende aus dem eigenen Departement und auch viele Bürgerinnen und Bürger zu dem mutigen Schritt.

Sie haben auch den Leiter des Rechtsdienstes entlassen. Hatten Sie den Eindruck, Sie müssten sich als starke Frau beweisen?
Nein. Die Trennung war für mich ein logischer Führungsentscheid, den ich völlig unabhängig von meiner Geschlechtszugehörigkeit gefällt habe. Wir haben mit dem Leiter des Rechtsdienstes Gespräche und ein externes Mediationsverfahren durchgeführt. Nachdem alle Interventionen erfolglos blieben, musste ich handeln. Es wurde mir zwar von verschiedener Seite geraten, bis nach den Erneuerungswahlen mit der Kündigung zuzuwarten. Ich fand aber, es sei ehrlicher, zu meiner Entscheidung zu stehen, auch wenn mir klar war, dass sie meine Wiederwahl beeinflussen konnte. Interessant ist, dass unliebsame Entscheide von Frauen in Führungspositionen sofort dazu führen, dass die Frau diskreditiert wird.

Waren die Entlassungen der Anfang vom Ende Ihrer politischen Karriere?
Mit Sicherheit kann ich das nicht sagen. Vermutlich haben die Entlassungen aber schon einen Einfluss auf meine Nichtwiederwahl gehabt, und zwar in zweierlei Hinsicht: Einerseits haben sich Leute, die sich an mir rächen wollten, im Vorfeld der Wahlen 2000 zusammengefunden und gezielt gegen mich

gewirkt. Anderseits wurde das Schlagwort «Entlassung» auch in der Negativkampagne, die das freisinnige «St. Galler Tagblatt» als einzige noch existierende grosse Tageszeitung gegen mich führte, immer wieder verwendet. Auf diesem «Schlachtfeld» wurde mit ungleichen Spiessen gekämpft, da ich als Amtsinhaberin an das Amtsgeheimnis gebunden war und die Hintergründe der Entlassungen nicht öffentlich machen durfte. Es wäre mir aber auch unwürdig vorgekommen, mich auf das teilweise primitive Niveau der Kampagne einzulassen, die wenig mit der Realität zu tun hatte. Die FDP wollte einen Sitz in der Regierung zurückgewinnen, die SVP wollte erstmals einen Sitz in der Regierung erobern. Fachlich hatten sie mir nichts vorzuwerfen. Also war jedes andere Argument gut genug, um eine Kampagne gegen mich zu stützen.

War es nicht auch Ihre Art, die Ihnen solche Schwierigkeiten eintrug? Man hörte und las immer wieder, Sie seien arrogant, eigensinnig, stur, nicht belehrbar.
«Man hört, dass ...» – das ist eine häufige Wendung, wenn die sauber recherchierten Fakten fehlen. Politik und ihre Macher sind an sauber recherchierten Fakten aber häufig nicht interessiert, sondern orientieren sich lieber an Gerüchten. Über welche Frau in führender Position wird denn nicht Ähnliches gesagt? Und welchen Mann würden Sie fragen, ob er während seiner Regierungszeit unbelehrbar war? Bei Frauen werden Eigenschaften, die für eine Führungsposition vorausgesetzt werden, oft ins Negative verkehrt. Ist eine Frau im Auftreten selbstsicher und bestimmt, gilt sie als arrogant. Der Mann gilt aber als sicher und führungsstark. Wenn ich mir eine Meinung gebildet oder mir ein Ziel gesetzt hatte, versuchte ich, danach zu handeln. Das ist in einer Führungsposition nötig, auch wenn es mitunter stur oder eigensinnig erscheint.

Wurden Sie nicht primär für das Amt angefragt, weil Sie eine Frau sind?
Ich wurde als Rita Roos-Niedermann, von Beruf Anwältin, seit acht Jahren Kantonsrätin, Alter 45, Geschlecht weiblich, das heisst als Individuum mit verschiedenen Eckdaten und Voraussetzungen, gewählt. Ich habe die gleichen Voraussetzungen mitgebracht wie zahlreiche Regierungsräte vor mir. Verschiedene Faktoren haben bei meiner Kandidatur und Wahl als Regierungsrätin eine Rolle gespielt,

darunter meine Persönlichkeit, meine berufliche Erfahrung als selbständige Anwältin, mein vielfältiges Engagement in verschiedensten Gremien. Und selbstverständlich war auch eine Portion Glück dabei, wie dies bei allen Wahlen der Fall ist. Zu diesem Glück gehörte, dass in den 90er Jahren endlich auch Frauen eine Chance hatten, in Exekutivämter gewählt zu werden. Die CVP unterstützte damals die Kandidatur einer Frau.

Bei der Wiederkandidatur liess Ihre Partei Sie dann im Stich.
Das ist richtig, die Gesamtpartei stand nicht einmütig hinter mir. Diese Erfahrung war für mich umso enttäuschender, als die CVP des Kantons St. Gallen damals von Lucrezia Meier-Schatz, also von einer Frau, präsidiert wurde.

Vielleicht haben Sie sich zu wenig um die Frauen, insbesondere die CVP-Frauen, gekümmert?
Nein. Sonst hätten mich die CVP-Frauen des Kantons St. Gallen bei der Wahl in die Regierung und bei der Wiederkandidatur nicht so tatkräftig unterstützt. Auch mit einzelnen Bezirksgruppen der CVP-Frauen war und bin ich bis heute eng verbunden. Frauen haben mich quer durch die Fraktionen des Grossen Rats hindurch mitgetragen. Das war für mich wichtig und tat mir gut. Unter den Frauen ist der Kontakt oft unkompliziert und herzlich.

Nach Ihrer Nichtwiederwahl haben Sie zwei Jahre im Ausland verbracht. Jetzt leben Sie wieder am

gleichen Ort wie vorher, begegnen den gleichen Leuten. Wie empfinden Sie das?
Ich habe die Nichtwahl als Chance gepackt, um mich in den USA weiterzubilden. Ich habe in Boston einen Sprachkurs besucht und in Kalifornien ein Diplom in Business Management und den Master of Law gemacht. Dieses völlig andere Leben hat mir geholfen, mich neu zu orientieren und die Zukunft anzupacken. Wenn ich heute wieder in der alten Umgebung im Toggenburg lebe, dann erkenne und erlebe ich sehr bewusst die Vorteile meines jetzigen Lebens. Es lässt mir wieder mehr Zeit, meine Agenda selber zu gestalten, das heisst, mehr Zeit mit meinem Mann, meiner Familie und meinem Freundeskreis zu verbringen. Es gibt mir beispielsweise die Möglichkeit, mich täglich in der ländlichen Umgebung des Toggenburgs mit unserer jungen Entlebucher Sennenhündin Isa in der Natur zu bewegen.

Sie begegnen aber auch Leuten, die Sie abgewählt haben.
Es kommt schon vor, dass Leute mich nicht mehr grüssen. Das ist unvermeidlich, kümmert mich heute aber wenig. Ich habe keinen Grund, ihnen aus dem Weg zu gehen. Ich habe mein Amt mit Freude und grossem Einsatz ausgeübt und habe für den Kanton St. Gallen viel erreicht. Darauf bin ich stolz, und dazu stehe ich. Ich gehe meinen Weg, der zurzeit im Toggenburg liegt, weiter, ich bin offen für viel Neues und freue mich über mein heutiges Leben.

Francine Jeanprêtre

Staatsrätin
von 1998 bis 2002

Francine Jeanprêtre bei der Präsentation der welschen Resultate der PISA-Studie 2002

x x x x x x x x x x x x x x x x x x x x x x x x x x x x x x x x x

Francine Jeanprêtre-Borel, geboren 1946, geschieden, eine Tochter, ein Sohn. Neuenburgerin, Schulen und Gymnasien in La Chaux-de-Fonds. Jura-Studium in Neuenburg aufgenommen, zwischen 1975 und 1979 zugunsten einer Ausbildung zur medizinischen Assistentin in Basel unterbrochen. Zurück in der Romandie, Abschluss des Jura-Studiums an der Universität Lausanne. Dissertation im Arbeitsrecht begonnen. 1982 als SP-Vertreterin in die Exekutive von Morges gewählt. 1987 Wahl in den Nationalrat, Ausübung des Doppelmandats bis 1999. 1992–1998 Vizepräsidentin der SP Schweiz. 1998–2002 Vorsteherin des Erziehungsdepartements des Kantons Waadt. Seit 2002 ehrenamtlich vor allem im Wohltätigkeits- und Sozialbereich tätig. Die beiden Gespräche mit Francine Jeanprêtre fanden am 9. März und am 3. Mai 2004 in Bern statt.

Frau Jeanprêtre, ist eine Nichtwiederwahl eigentlich doppelt bitter, wenn man, wie in Ihrem Fall, sogar schon als Bundesratskandidatin gehandelt worden ist?
Nein. Vor allem nicht, weil ich nie einen Karriereplan gemacht habe, was vielleicht typisch weiblich ist. Frauen sind mehr an der sachlichen Arbeit als an ihrem persönlichen Erfolg interessiert. Ich habe auch das Regierungsamt nie gesucht. Das erste Mal, als die Partei mich aufstellen wollte, habe ich denn auch abgelehnt. Ich wollte immer ich selber bleiben, das ist für eine Karriere allerdings nicht immer förderlich.

Warum haben Sie die Regierungsratskandidatur das zweite Mal angenommen?
Ich spürte einen grossen Druck seitens der Partei, aber auch seitens der Öffentlichkeit. Die Frucht war auch irgendwie reif. Ich hatte viel zu gewinnen, indem ich nach elf Jahren in Bern ein neues politisches Amt entdecken, eine neue Herausforderung annehmen konnte. Obwohl ich einem kantonalen Exekutivamt gegenüber sehr kritisch eingestellt war.

Warum?
Weil mir im Parlament der «débat d'idées» sehr gefallen hat. Im Kanton werden diese Debatten sofort gestoppt, das ist vielleicht typisch waadtländisch.

Warum typisch waadtländisch?
Alles, was zu einem solchen «débat d'idées» beiträgt, wird rasch einmal als subversiv qualifiziert. Man

liebt und pflegt den Konsens. Und meine sozialdemokratischen Vorgänger haben diese Konsensbereitschaft viel stärker mitgetragen als ich.

Liegt Ihnen das Umsetzen weniger als das Debattieren?
Grundsätzlich glaube ich, dass die Frauen mehr am Handeln interessiert sind als an der Macht. In meinem Fall traf ich zudem auf eine wohl einmalige historische und politische Konstellation: Vor meiner Wahl hatte die Linke in der Regierung während zweieinhalb Jahren die Mehrheit. Die hat sie verloren, und ich blieb als einzige sozialdemokratische Vertreterin in der Regierung. Als ich das Amt übernahm, stand es miserabel um die Finanzen, die Rechte hatte nur das Sparen im Kopf, und im unterdotierten Erziehungsdepartement fehlte es an qualifiziertem Kader. Es war nur für Schönwetterperioden eingerichtet.

Sie hatten keine grosse Führungserfahrung.
Doch! Ich war immerhin während acht Jahren in der Exekutive von Morges – und das in einer auch nicht gerade einfachen Konstellation. Zudem war ich Vizepräsidentin der SP Schweiz. Aber es ist schon so, als Regierungsrätin sind Sie einerseits Politikerin, anderseits aber auch Managerin. Ohne Managementerfahrung ein Unternehmen mit 14 000 Beamten und einem Budget von 1,7 Milliarden zu leiten, ein Erziehungsdepartement, das klare Hierarchien gewohnt ist und das zu meiner Zeit aus einer männlichen FDP-Bastion bestand, das war tat-

sächlich enorm schwierig. Mein Vorgänger war zwar auch Sozialdemokrat, aber er hatte in den vier Jahren seiner Regierungstätigkeit die Schulreform nur eingeleitet. Ich musste sie umsetzen, und das ohne Geld.

Das Erziehungsdepartement war schwieriger zu führen als die anderen Departemente?
Sicher. Das zeigte sich nur schon darin, dass niemand dieses Departement übernehmen und sich die Finger verbrennen wollte! Also war es klar, dass jemand von den Neuen in den sauren Apfel beissen musste. Eigentlich war es verantwortungslos von den Bisherigen, einer Neuen dieses Departement zu übergeben. Ich habe ein riesiges Unternehmen geerbt mit unglaublichen Personalproblemen. Gibt es etwas Undankbareres, als ohne die dafür nötigen finanziellen Mittel eine Reform bei der Lehrerschaft durchzuführen, die mehrheitlich unter dem Burnout-Syndrom leidet?

Fühlten Sie sich als Frau benachteiligt?
Die Erwartungen waren wahrscheinlich besonders hoch, weil ich als Frau, Mutter und Linke das Erziehungsdepartement übernahm. Ich war für viele ein Hoffnungssymbol, das merkte ich vor allem im Kontakt mit den Leuten aus dem Volk.

Haben es Frauen in der Exekutive generell schwerer als die Männer?
Grundsätzlich war es zu meiner Zeit in der Politik eher ein Vorteil, eine Frau zu sein. Meine politische

Karriere fiel in eine Zeit, in der die Frauenbewegung stark war. Ein Grund, warum Exekutivpolitikerinnen so oft scheitern, liegt meines Erachtens in den übersteigerten Erwartungen an sie, denen zwangsläufig Enttäuschungen folgen. Das war bei mir nicht anders. Die Erwartungen in die erste Frau an der Spitze des waadtländischen Erziehungsdepartements waren enorm hoch. Und wenn die Schulreformen, die ich umsetzen musste, nicht alle befriedigten, hiess es sehr schnell: «Sie ist nicht kompetent.»

Haben bei dieser Kritik Männer und Frauen anders reagiert?
Nicht wirklich. Wobei ich schon merkte, dass Frauen, die hochkommen, eine grössere Konkurrenz für Männer darstellen als Männer. Zudem habe ich immer wieder festgestellt, dass selbst politisch versierte Leute mein Amt komplett verkannten.

Inwiefern?
Als Linke war ich erstens in der Minderheit. Zweitens ist es ein Ding der Unmöglichkeit, eine Reform durchzuführen, wenn man gleichzeitig ein Sparprogramm durchziehen muss.

War es bezeichnend, dass Sie, die neue Frau, das ungeliebte Erziehungsdepartement übernehmen mussten?
Ich glaube nicht, dass die Geschlechterfrage dabei eine grosse Rolle spielte. Mein Kollege von der Liberalen Partei, der auch neu in die Regierung

gekommen war, übernahm das Departement für Soziales und Gesundheit, ebenfalls ein grosses Departement. Der Vertreter der SVP wies das Erziehungsdepartement mit der Begründung von sich, als Bauer könne er doch nicht ein Departement übernehmen, dem unter anderem die Universität unterstellt ist. Es ist ganz klar, hätte die Regierung verantwortlich gehandelt, hätte ein Bisheriger die Erziehung übernehmen müssen.

Spielte die Geschlechterfrage auch in der Führung des Departements keine Rolle?
Doch, und zwar indem ich meinen eigenen Stil pflegte. So kam es für mich beispielsweise nicht in Frage, eine Sitzung vor 7 Uhr oder nach 18 Uhr anzusetzen. Meine männlichen Kollegen haben sich damit aufgespielt, dass sie Sitzungen morgens um 6 Uhr abhielten. Durch das Festhalten an meinem eigenen Stil bin ich sicherlich zusätzliche Risiken

eingegangen, so nach dem Motto «ça passe ou ça casse».

Man wirft Ihnen vor, Sie seien im Kanton zu wenig präsent gewesen.
Meine Hauptaufgabe war es, Ordnung im Inneren herzustellen. Das ist gegen aussen eben nicht sichtbar. Ich ging dorthin, wo die Sozialdemokratin anwesend sein musste. Meine Sekretärin hat mir oft gesagt, ich müsse an dieser oder jener gesellschaftlichen Veranstaltung teilnehmen, weil es sich schlecht mache, wenn ich dort nicht auftauchen würde. «Tant pis», habe ich dann erwidert.

Sie haben vernachlässigt, dass das Netzwerken an solchen Veranstaltungen enorm wichtig ist.
Eindeutig. Ich wollte meine Arbeit machen und vor allem Ordnung schaffen. Ich habe nichts für meine Wiederwahl getan. Meine Nachfolgerin ist auch eine Frau, aber sie hat einen anderen Stil und geht mehr Kompromisse ein. Sie stösst nicht alle vor den Kopf. Kürzlich schickte sie mir die Unterlagen für eine Medienkonferenz, und ich habe ihr nach der Durchsicht gesagt, dass sie ganz offensichtlich viel mehr Geduld und diplomatisches Geschick habe als ich – allerdings auch eine Kompromissbereitschaft, die mir zu weit gehe.

Sie haben Ihre Nichtwiederwahl bewusst in Kauf genommen?
Durchaus. Ein Jahr vor meiner Nichtwiederwahl habe ich mit einem guten Bekannten eine Wette ab-

geschlossen. Ich sagte, dass ich nicht wieder gewählt würde, was er für unmöglich hielt. Der Mann war Management-Coach und wusste, dass ich fruchtbar gewirkt hatte.

Wenn Sie so genau wussten, dass Sie nicht wieder gewählt würden, warum haben Sie nichts unternommen, um das zu ändern?
Ich hätte meine Abwahl vielleicht verhindern können, wenn ich meinen Stil geändert hätte. Aber das wollte ich nicht. Das entspricht weder meinem Naturell noch meinen Überzeugungen. Ich wollte mir auch als Linke nicht untreu werden.

Inwiefern war es ein Nachteil, dass Sie als Sozialdemokratin den Reformprozess im Departement umsetzen mussten?
Die Erwartungen in mich waren nicht nur sehr hoch, sondern sie kamen auch von allen Seiten – von Seiten der Lehrerschaft, der Eltern, der Gemeinden und so weiter. So war es nur natürlich, dass ich viele enttäuschen musste. Nehmen wir nur die Gewerkschaften. Für sie war es ein Verrat, dass ich die Revision des Personalgesetzes bei der Lehrerschaft durchsetzte. Ich war zudem in der Regel immer loyal zu meinen bürgerlichen Kollegen, wobei ich das Kollegialitätsprinzip zweimal verletzt habe. Aber eben: Eine Schulreform ohne finanzielle Mittel durchsetzen zu wollen gleicht der Besteigung des Matterhorns in Sandaletten!

Lag es also nur an objektiven Faktoren, dass Sie nicht wieder gewählt wurden, oder haben Sie auch grössere Fehler gemacht?
Der Kommunikation habe ich zu wenig Beachtung geschenkt, dies auch im Zusammenhang mit den Medien. Wenn beispielsweise die regionalen Zeitungen ihre Fragen an mich richteten, so liess ich diese, wenn ich fand, es gäbe Wichtigeres zu tun, auch einmal unbeantwortet. Das Verhältnis zwischen den Medien und mir war schlecht, es war gegenseitig wenig Respekt vorhanden.

Man sagt doch immer, Frauen seien die besseren Kommunikatorinnen als die Männer.
Ich stand auch da unter Druck, weil ich wegen meines Doppelmandats als Nationalrätin und als Regierungsrätin einerseits kritisiert, anderseits auch beneidet wurde – vor allem von meinen Amtskol-

legen. Diesem Umstand hätte ich vielleicht auch kommunikativ mehr Rechnung tragen sollen.

Haben Sie sich denn nicht beraten lassen?
Ich führte ein Unternehmen, das grösser ist als Nestlé in Vevey, es gab aber beispielsweise am Anfang keinen Kommunikationsverantwortlichen. Ich habe bei Amtsantritt zwar sofort darum gebeten und konnte auf Teilzeitbasis auch jemanden einstellen. Ich habe dann den ehemaligen Pressechef der SP Schweiz als persönlichen Berater zu mir geholt, er war sehr schlau und politerprobt, aber auch das hat man gegen mich ausgelegt, indem die Rechte misstrauisch wurde. Ich habe mich viel zu wenig gegen die Medien geschützt. Das wäre nötig gewesen, denn ich habe unterschätzt, wie interessant ich als Frau und Erziehungsdirektorin für die Medien war. «24heures» hat mir eine enorme Publizität gegeben, im Guten wie im Schlechten. Ich kann mich nicht erinnern, dass zwei Ausgaben hintereinander ohne eine grosse Schlagzeile über mich erschienen. Natürlich gibt es über die Schulen immer etwas zu schreiben, aber die Berichte waren unglaublich personifiziert.

Haben Sie ein externes Netzwerk gepflegt?
Bei der Übernahme des Erziehungsdepartements dachte ich, ich müsste mich zuallererst intern mit Leuten meines Vertrauens umgeben. Ich war recht verunsichert. Da sassen Mitarbeiter, die seit Jahrzehnten im Erziehungsdepartement arbeiteten, an ihren Kompetenzen festhielten und einen Krieg ge-

gen die internen Reformen führten. Ich habe mich dann mit einer Gruppe von persönlichen Beratern umgeben. Einer war ein ehemaliger Schuldirektor, der andere war ein ehemaliger Politabgeordneter, weit links stehend und ein alter Fuchs. Diese beiden waren für mich sehr wichtig. Zudem konnte ich auf eine Gruppe zurückgreifen, die mich über alle anderen politischen Geschäfte ausserhalb des Erziehungsdepartements ins Bild setzte. Das war nötig, da ich die einzige Sozialdemokratin in der Regierung war. Meine Kollegen haben sich oft geärgert, dass ich auch auf ihre Geschäfte gut vorbereitet war und mich ab und zu gegen ihre Interessen stellte.

Und dann war es erst noch eine Frau, die zu fremden Geschäften ihre Meinung äusserte.
Ich glaube, die linke Philosophie hat sie mehr genervt als der Faktor, dass ich eine Frau bin. Tatsache ist, dass die Stimmung so schlecht war, dass wir sogar Gruppentherapien mit einem Psychologen durchführten.

Sie waren nicht die einzige Frau im Regierungsgremium. Spielte die Frauensolidarität nicht?
Die Chemie zwischen meiner freisinnigen Kollegin Maurer und mir war nicht optimal. Ihr war die Solidarität mit der Partei wichtiger als die Frauensolidarität. Ich spürte mir gegenüber Vorurteile, ich hatte den Eindruck, man begegne der «intellektuellen Linken», die noch dazu ein nationales Mandat hatte, erst recht skeptisch.

Mit Ihrer Nachfolgerin im Erziehungsdepartement geht es besser.
Meine Nachfolgerin ist nett. Ich bleibe zwar immer höflich, aber ich kann auch sehr direkt und dadurch verletzend sein.

Verspürten Sie im Moment Ihrer Abwahl auch Ärger?
An besagtem Sonntag führten wir in der Partei eine kleine Geschäftsleitungssitzung durch, aber eigentlich nur pro forma. Für mich war klar, dass ich mich für den zweiten Wahlgang nicht wieder aufstellen lassen würde. Parteipräsident Pierre-Yves Maillard war mir dafür sehr dankbar, denn mein Vorgänger Schwaab, der ja auch nicht wieder gewählt worden war, war nicht so prompt wie ich in dieser Reaktion. Das ist vielleicht auch typisch weiblich, dass man nicht lange taktiert oder zögert, sondern sich seine Niederlage eingesteht und umgehend die Konsequenzen zieht. Von dem Moment an, als meine Nichtwiederkandidatur offiziell war, waren meine Gedanken nur noch beim bevorstehenden Abgang. Ich wollte möglichst viele Geschäfte möglichst gut abschliessen. In meinem Büro gab es viele Emotionen, aber für mich war alles glasklar. Es war eine Seite in meinem Lebensbuch, die ich umdrehte, es steckte auch eine gewisse Logik dahinter. Nach zwanzig Jahren schloss sich der politische Kreis. Ich hatte das Privileg, auf kommunaler, nationaler und kantonaler Ebene tätig gewesen zu sein. Wäre ich auf kantonaler Ebene erfolgreich gewesen, dann wäre vielleicht ich anstelle von Micheline

Calmy-Rey oder Ruth Lüthi Bundesratskandidatin geworden. Aber bei meiner Nichtwiederwahl war ich 56 Jahre alt. Die Zeit ist rasend schnell vorbeigegangen, und die Jahre waren so ausgefüllt, dass ich vieles vernachlässigt habe.

Wollten Sie nicht weiterhin dabei sein, allenfalls auch in einem anderen Bereich?
Für mich war ganz klar, dass ich mich nicht weiter in die Erziehungspolitik einmische, wie das mein Vorgänger im Erziehungsdepartement gemacht hat. Nach seiner Nichtwiederwahl hat er als Anwalt sogar einmal einen Fall gegen das Erziehungsdepartement geführt...! Das wäre für mich undenkbar gewesen. Ich habe für die Sozialdemokraten während 25 Jahren viel gegeben und auch einiges für die Öffentlichkeit getan. Nach meiner Nichtwiederwahl wollte ich mich zurückziehen. Ich habe mich nach einem anderen Leben, nach einer anderen Lebensqualität gesehnt.

Nach welcher?
Mein Partner, den ich seit drei Jahren kenne, ist Chirurg und hat wenig Freizeit. Deshalb teile ich meine Zeit so ein, dass ich ihn an Kongresse begleite. Ich reise also viel. Dann kümmere ich mich um meine Familie, um meine Kinder, mein Enkelkind und vor allem auch um meine betagten Eltern. Ich setze mich auf freiwilliger Ebene auch für Menschen mit Existenzproblemen ein. Das ist unglaublich bereichernd! Das sind Menschen, die einem enorm dankbar sind und ihrer Dankbarkeit auch Ausdruck geben. Ich höre endlich einmal das Wort «danke!».

Margrit Fischer
Regierungsrätin von 1999 bis 2003

Margrit Fischer mit ihren Regierungsratskollegen 1999

x x x x x x x x x x x x x x x x x x x x x x x x x x x x x x x x x

Margrit Fischer-Willimann, geboren 1947, verheiratet mit dem ehemaligen CVP-Nationalrat Theo Fischer. Kaufmännische Angestellte, Matura auf dem zweiten Bildungsweg. Jura-Studium an der Universität Zürich mit lic. iur. abgeschlossen. Mitglied der CVP, 1991–1999 Stadträtin und Finanzvorsteherin von Sursee, 1995–1999 Grossrätin des Kantons Luzern. 1999–2003 Vorsteherin des Militär-, Polizei- und Umweltschutzdepartements des Kantons Luzern. Präsidentin der kantonalen Stiftung für Schwerbehinderte Luzern. Das Gespräch mit Margrit Fischer fand am 20. April 2004 in Sursee statt.

Frau Fischer, mit der Reduktion von sieben auf fünf Regierungsmitglieder im Kanton Luzern mussten Sie als einzige Bisherige über die Klinge springen. Warum hat es Ihrer Meinung nach ausgerechnet die Frau getroffen?
Es war klar, dass es jemanden aus der CVP treffen würde. Vier der für die fünf Sitze Kandidierenden gehörten dieser Partei an, und es war fast undenkbar, dass vier aus der CVP gewählt würden. Aber es ist interessant, dass ich zwar gesamthaft gesehen ein gutes Resultat machte, trotzdem aber nur die Viertplatzierte hinter drei CVP-Männern war. Ich hatte dieses Ergebnis befürchtet, nicht zuletzt, weil ich früher Präsidentin der Gleichstellungskommission des Kantons Luzern war und von daher wusste, wie sich gewisse geschlechtsspezifische Mechanismen abspielen. Die CVP ist eine bürgerliche Partei, und da haben die Frauen gegenüber den Männern einen schweren Stand. Das habe ich schon gespürt, als es um das Nominationsverfahren für die Wahlen 2003 ging.

Inwiefern?
Im November 2002, zwei Monate nach dem Reduktionsbeschluss, hat das Präsidium der Delegiertenversammlung den Antrag gestellt, nur mit zwei CVP-Kandidaten in den Wahlkampf zu steigen. Die Delegierten haben das abgelehnt und entschieden, für den ersten Wahlgang alle Bisherigen zu nominieren und dann nach einer Analyse und im Wissen darum, welche Kandidaten die anderen Parteien bringen, das weitere Vorgehen zu bestimmen.

Ohne viel Worte sind die Spielregeln dann aber geändert worden: Die drei mit den meisten Stimmen sollten auch in den zweiten Wahlgang steigen. So wurde es gemacht, und als Viertplatzierte und somit Überzählige wurde ich an der Delegiertenversammlung nicht mehr aufgestellt. Dass die CVP als bürgerliche Volkspartei nicht in ihrem eigenen politischen Interesse mit einer Frau vertreten blieb, stiess in weiten Kreisen auf Unverständnis. Ich konnte das auch nicht verstehen. Man hätte von der CVP eigentlich erwarten dürfen, dass ihre einzige Regierungsrätin neben einem oder zwei Männern als gesetzt gilt, besonders, weil zwei der drei Männer schon seit acht Jahren regierten und der dritte Mann und ich erst seit vier Jahren. Während des Wahlkampfs lief dann auch nicht alles, wie es sollte.

Können Sie Beispiele nennen?
Ich wurde ausserhalb des Amts Sursee kaum zu Veranstaltungen eingeladen. Von einem Amt weiss

ich, dass seine CVP-Leitung die Parole durchgab, nur ihren Amtskandidaten zu unterstützen und die anderen zu streichen. Zudem gab es überparteiliche Listen, auf denen die CVP-Kandidaten mit einzelnen Kandidaten aus andern Parteien aufgeführt waren. Das brachte ihnen zusätzliche Stimmen. Ich figurierte auf keiner solchen Liste, was sicher ein Nachteil war.

Waren Sie als Frau zu anständig?
Mag sein. Ich habe fair gekämpft. Was die Leute, die mich unterstützten, und ich selbst unternommen haben, hat einfach nicht gereicht.

War Ihr Netzwerk ungenügend?
Die Frauen hätten aktiver sein müssen, umso mehr, als man wusste, dass alle die CVP angreifen würden. Hinzu kam der Faktor Frau. Sowohl die FDP als auch die SP hatten je eine Frau im Rennen. Die FDP-Kandidatin hatte zwar keine Chance, das war von Anfang an klar, aber ihre Kandidatur hat mich natürlich Stimmen gekostet.

Warum haben sich die Frauen nicht stärker für Sie eingesetzt?
Weil für die anderen Parteien im Vordergrund stand, der CVP einen Sitz abzunehmen. Leidtragende sind in solchen Fällen meistens die Frauen. Die SP hat zudem gezielt ihre Frau unterstützt. Ich durfte nicht zu weit nach vorne kommen, weil sie das Rennen sonst wahrscheinlich nicht gemacht hätte.

Es hätten ja zwei Frauen gewählt werden können.
Ja, sicher. Das wäre auch gut gewesen. So weit ist der Kanton Luzern aber noch nicht. Die SP hat auch von Anfang an erklärt, dass sie alleine ins Rennen steigen und keine Listenverbindung eingehen würde.

Wären Sie eine Frau der Linken gewesen, wäre der Wahlkampf dann anders verlaufen?
Bestimmt. Wobei ich glaube, dass die Stellung der CVP-Frauen in ihrer eigenen Partei früher besser war. Das hat wohl auch mit dem Generationenwechsel zu tun. Die heutigen Frauen haben die Diskriminierung, den Kampf um das Frauenstimmrecht, nicht aktiv miterlebt. Mich hat besonders betroffen gemacht, dass man mich gegen eine linke Frau «ausgetauscht» hat. Ich habe nach der Regierungsratswahl mehrfach die Reaktion gehört: «Wir haben ja jetzt wieder eine Frau, es kommt nicht so drauf an, ob von links oder von rechts.»

Gerade die CVP hatte sehr starke Pionierfrauen, beispielsweise Judith Stamm oder Josi Meier.
Diese Generation wurde vor allem über den Kampf um das Frauenstimmrecht politisiert. Ich habe den Eindruck, dass sich die CVP-Frauen seither zwar immer noch organisieren, aber weniger koordiniert und schlagkräftig sind. Es läuft auch nicht mehr so viel über die Mund-zu-Mund-Propaganda, und es wird weniger Werbung gemacht. Wahrscheinlich hat das auch damit zu tun, dass die Frauen denken, sie seien bezüglich der Gleichstellung viel weiter, als sie es tatsächlich sind.

Spätestens seit der Nichtwiederwahl von Ruth Metzler müsste sich jetzt etwas ändern.
Müsste schon, aber ich befürchte, dass nicht viel geschieht. Meiner Meinung nach können die Frauen ihre Aussichten auf eine Machtposition nur durch eine exzellente Ausbildung und damit durch gute Jobaussichten verbessern. In jungen Familien müssen Männer zudem vermehrt Familienpflichten übernehmen, und die Mütter sollten ihre Töchter emanzipierter erziehen. Mich stört es, dass man immer den Mann zum Mass nimmt und nicht auch die Frau.

Hat das vielleicht auch damit zu tun, dass Frauen nicht genügend Frauenvorbilder haben?
Mag sein, aber Männer richten sich, obwohl es hier genügend Vorbilder gäbe, kaum nach diesen. Für Männer ist eine Karriere selbstverständlich. Frauen werden immer an den Männern gemessen, und da ist es logisch, dass sie in den Augen vieler Männer und auch Frauen dann eben nicht ganz den Vorstellungen entsprechen.

Was fällt Ihnen als ehemaliger Präsidentin der Gleichstellungskommission sonst noch auf an der Frauenpolitik?
Eigentlich haben wir wenig Fortschritte gemacht. Natürlich haben sich die Ausbildungschancen für die Frauen markant verbessert, da herrscht fast schon Gleichberechtigung. Viele Frauen studieren und haben dadurch zumindest gute Aussichten auf eine höhere Position. Aber im schweizerischen Par-

teiensystem hat sich wenig verbessert, da erleben wir eher einen Backlash. Auf tieferer Stufe, zum Beispiel in den Gemeinderäten, sind fast überall Frauen dabei, und in einigen Luzerner Gemeinden sind sie sogar in der Mehrzahl. Aber bei den höheren Chargen, wo es um mehr Kompetenzen und Macht geht, da haben die Frauen geringere Chancen. Das gleiche Bild zeigt sich bei den Entscheidungspositionen in der Wirtschaft und an den Universitäten.

Familie, Beruf und Politik unter einen Hut zu bringen, ist ja auch fast ein Ding der Unmöglichkeit.
Das stimmt so nicht. Meine Vorgängerin im Regierungsrat hatte drei Kinder und wurde von ihrem Mann im Haushalt und bei der Kinderbetreuung stark unterstützt. Das Gleiche gilt übrigens auch für meine Nachfolgerin.

Hat Ihnen Ihr ehemaliges Präsidium der Gleichstellungskommission im Wahlkampf geschadet?
Das glaube ich weniger. Wobei ich natürlich schon immer Frauenanliegen vertreten habe, auch während des Wahlkampfs. Ich habe mich beispielsweise für eine Gesetzesrevision zur Sanktionierung der häuslichen Gewalt eingesetzt. Im Nachhinein wurde mir klar, dass das zumindest bei einigen Männern nicht gut angekommen ist. Aber wenigstens haben wir jetzt die Gesetzesänderung, das befriedigt mich.

Sie haben das Militär-, Polizei- und Umweltschutzdepartement beziehungsweise, nach der Zusammenlegung, das Sicherheitsdepartement geführt. Hat sich das negativ ausgewirkt?
Auch das glaube ich nicht. Ich habe vor dem Regierungsamt ja acht Jahre lang als Stadträtin die Finanzen geführt, auch nicht unbedingt eine Frauendomäne. Ich habe am Anfang keinen Hehl daraus gemacht, dass mich die Übernahme des Militär-, Polizei- und Umweltschutzdepartements nicht unbedingt begeistert. Das hat sich aber rasch geändert, und ich habe von vielen Seiten, auch vom Militär, grosse Unterstützung erfahren. Ich hatte nie den Eindruck, dass mich jemand ins Leere laufen lässt. Natürlich hat man immer Feinde, vor allem wenn einem Polizei, Strafverfolgung und Gefängnisse unterstellt sind, die repressiv wirken, oder das Strassenverkehrsamt, das Ausweisentzüge verfügen muss.

Hatten Sie nie den Eindruck, Sie würden nicht ernst genommen?
Als Frau haben Sie immer einen schwereren Stand. Wenn Sie bestimmte Dinge sagen, müssen Sie sie vielleicht dreimal wiederholen. Bei einem Mann wird es beim ersten Mal gehört. Das sind die alten Mechanismen, die man fast nicht überwinden kann. Aber ernst genommen, das wurde ich schon.

Als Regierungsrätin waren Sie wenig präsent in den Medien. Wie erklären Sie sich das?
Ich war und bin keine Showfrau. Natürlich habe ich gerne an Veranstaltungen teilgenommen und bin auch gerne im Rampenlicht gestanden. Aber mir war das interne Wirken ebenso wichtig. Für mich war entscheidend, dass der Laden gut läuft. Und ich weiss, dass er gut lief. Dass ich nicht sehr oft in den Medien präsent war, hat viel mit dem Departement zu tun. Es ist nämlich oft so, dass für die Medien nur schlechte Nachrichten gute Nachrichten sind.

Die Entlassung des Polizeikommandanten war wochenlang ein Thema in den Medien, selbst in den nationalen. Sie galten als unkommunikativ, ein Image, das Sie nicht mehr losgeworden sind.
In dieser Angelegenheit wurde ich von den Medien unfair behandelt. Ich hatte die zuständige Grossratskommission vertraulich informiert. In der Regierung waren wir uns einig, die Öffentlichkeit aus Gründen des Persönlichkeitsschutzes nicht über Details zu informieren. Daran habe ich mich gehal-

ten. Die Medien wollten aber mehr darüber wissen. Man hat gesucht, und weil man wenig fand, hat man mir immer wieder das Gleiche vorgeworfen, nämlich dass ich schlecht kommunizieren würde. Daraus wurde mir ein allgemeines Kommunikationsproblem angedichtet.

Was allerdings auch innerhalb des Departements zu hören war.
Ich musste mich auch innerhalb des Departements an die Informationsregelung der Regierung halten. Ich hatte dabei aber das Gefühl grosser Akzeptanz von Seiten meiner Mitarbeitenden. Natürlich habe ich andere Fragen gestellt als mein Vorgänger, und ich habe anders geführt.

Haben Sie typisch weiblich geführt?
Wenn typisch weiblich ist, dass man teamorientiert führt, immer eine offene Türe hat und ansprechbar ist, dann ja. Es hat mir auch in meiner Tätigkeit als Regierungsrätin genützt, dass ich acht Jahre lang Stadträtin und Finanzvorsteherin gewesen bin und verschiedene Geschäfte bereits aus meiner vierjährigen Amtsperiode als Grossrätin kannte.

Inwiefern hatte Ihre Nichtwiederwahl Auswirkungen auf Ihre berufliche Entwicklung?
Ich hatte keine Möglichkeit, etwas vorzubereiten oder meine Fühler auszustrecken. Nach meiner Nichtnomination war ich noch immer Schultheiss und musste in dieser Funktion die wöchentliche Regierungsratssitzung leiten. Dazu kamen zusätzliche

Repräsentationspflichten. Ich musste innerhalb von drei Monaten mein Büro räumen und war gleichzeitig mitbeteiligt an der Zusammenlegung von Sicherheits- und Justizdepartement. Das war eine heikle Sache, die auch personelle Entscheide nach sich zog. Dementsprechend gross war die Unruhe in den betroffenen Departementen. Ich war also bis zum letzten Tag vollauf beschäftigt.

Sind Sie danach in ein Loch gefallen?
Nein. Ich hatte vor, falls das passieren sollte, auf Reisen zu gehen. Aber nach meinem Ausscheiden brach dieser Jahrhundertsommer 2003 aus, da bin ich viel wandern gegangen, habe Ausflüge gemacht und die Freizeit genossen. Aber natürlich ging es auch darum, gefühlsmässig mit der neuen Situation

umzugehen und mir Gedanken darüber zu machen, was gut gelaufen war und was nicht. Und erst dann hatte ich Zeit, zu überlegen, wie ich mich künftig beruflich orientieren wollte.

Gab es Angebote?
Unmittelbar nach der Nichtnomination habe ich ein Angebot erhalten, das aber zu nahe am Bisherigen gewesen wäre, das konnte ich nicht annehmen. Sonst kam nichts Interessantes. Ich habe mich umgeschaut, aber auf Anhieb nichts Geeignetes gefunden. Das hat auch mit dem momentanen Arbeitsmarkt zu tun. Es gibt viele gut qualifizierte Leute für weniger Stellen. Und ich bin 57 Jahre alt.

Ist es typisch, dass Frauen nach einer Abwahl weniger gute Angebote bekommen?
Das lässt sich wahrscheinlich erst beurteilen, wenn auch die Abwahl von männlichen Regierungsräten häufiger wird.

Sie sind Präsidentin der kantonalen Stiftung für Schwerbehinderte Luzern. Füllt diese Tätigkeit Sie aus?
Ich habe damit eine Führungsaufgabe übernommen, die mir gefällt. Die Stiftung beschäftigt 650 Mitarbeitende und betreut und begleitet 350 schwer behinderte Menschen. Natürlich hätte ich gern noch eine zusätzliche spannende Tätigkeit. Zwanzig Prozent sind ein kleines Pensum. Aber ich geniesse auch die wieder gewonnene freie Zeit.

Sie leben nach wie vor im selben lokalen Umfeld. Bereitet Ihnen das keine Schwierigkeiten?
Nein. Ich lebe in Sursee, und mit den Leuten, die ich kenne, verkehre ich gleich wie vorher. Wenn ich spazieren gehe, dann entweder alleine oder mit dem Hund. Ich treffe Leute an und spreche mit ihnen wie zu meiner Zeit als Regierungsrätin. Diesbezüglich hat sich für mich wenig verändert.

Wie ist es denn auf der Gefühlsebene? Es schmerzt doch, wenn man sich vier Jahre für das Wohl des Kantons eingesetzt hat und dann abgewählt wird?
Besonders geschmerzt hat mich, dass ich in Sursee im ersten Wahlgang ein schlechtes Resultat erzielt habe. Im Nachhinein habe ich erfahren, was da unter der Hand und hinter meinem Rücken gelaufen ist. Das ist unschön, geschieht aber auch anderswo. Das gehört zur Politik. Ich kann mich gut abgrenzen und versuche, es nicht persönlich zu nehmen. Das gelingt mir zwar nicht immer, aber meistens.

Ist man beruflich geächtet als Nichtwiedergewählte?
Geächtet sicher nicht. Ich glaube eher, dass man einfach nicht mehr so oft an diese Frauen denkt.

Lilian Uchtenhagen
Am 7. Dezember 1983 nicht zur Bundesrätin gewählt

Lilian Uchtenhagen nach ihrer Nichtwahl in den Bundesrat am 7. Dezember 1983

x x x x x x x x x x x x x x x x x x x x x x x x x x x x x x x x x x x

Lilian Uchtenhagen-Brunner, geboren 1928, aufgewachsen in Olten, verheiratet, drei adoptierte Kinder aus Madagaskar. Ökonomie-Studium, Abschluss als lic. rer. pol. Obwohl in einem freisinnigen Haus aufgewachsen, schloss sich Lilian Uchtenhagen der SP an und kämpfte jahrzehntelang für die Einführung des Frauenstimmrechts. Als die Schweizer Stimmbürger dieses 1971 annahmen, wurde Lilian Uchtenhagen noch im gleichen Jahr in den Nationalrat gewählt, dem sie 20 Jahre lang angehörte. 1983 war sie die erste Bundesratskandidatin, unterlag aber dem nicht offiziellen Kandidaten Otto Stich. Lilian Uchtenhagen war Vize-Verwaltungsratspräsidentin von Coop, Verwaltungsratsmitglied der damaligen PTT, Verwaltungsratsmitglied der genossenschaftlichen Zentralbank und Mitglied der IKRK-Leitung. 1998 war sie Präsidentin der Entwicklungsorganisation Swissaid. Das Gespräch mit Lilian Uchtenhagen fand am 22. Juni 2004 in Zürich statt.

Frau Uchtenhagen, 1983 wurden Sie als erste offizielle Bundesratskandidatin nicht gewählt. Wenn Sie zwanzig Jahre später kandidiert hätten, wären Sie gewählt worden?
Ja, das glaube ich. Ich hätte nicht einmal zwanzig Jahre warten müssen, wahrscheinlich wäre ich schon kurze Zeit später gewählt worden. Aber ich war schon damals 56 Jahre alt, und es war auch vom Alter her klar, dass ich nicht noch einmal kandidieren würde.

War aus Ihrer Sicht der Grund für Ihre Nichtwahl, dass Sie eine Frau sind?
Letztlich war das Parlament noch nicht bereit für eine Bundesrätin, und weil zu meiner Zeit die eidgenössischen Parlamentarierinnen nur etwa elf Prozent ausmachten, war es auch nicht erstaunlich, dass ich nicht gewählt wurde. Vor allem die Ständeräte waren damals noch sehr konservativ. Hinzu kam, dass meine Person vielen nicht ganz geheuer war. Ich stamme aus einem freisinnigen Haus, galt deshalb als halbe Verräterin und war erst noch auf ein Gebiet spezialisiert, in dem der Freisinn zu Hause ist, nämlich auf die Wirtschafts- und Finanzpolitik. Auch mein energisches Auftreten hat mir einige Feinde verschafft.

Warum haben Sie einer Kandidatur zugestimmt?
Natürlich war ich der festen Überzeugung, dass es Zeit sei für eine Frau. Und es hat mich interessiert, ich wollte anders politisieren, nicht im «Kohl»-Stil des permanenten Aussitzens. Frauen politisieren

meines Erachtens direkter, ehrlicher und weniger interessengebunden.

Auch wenn die Frage sehr theoretisch anmutet – hätten Sie bei einer Wahl in den Bundesrat riskiert, bei den Bestätigungswahlen nicht wieder gewählt zu werden?
Meine Feinde wären bestimmt nicht Freunde geworden. Aber ich kann mich durchsetzen, mit mir ist nicht gut Kirschen essen. Durchgestanden hätte ich das Amt sicher. Wenn Frauen dossierfest sind und sachgerecht politisieren, dann merken auch die Männer, dass wir brauchbar sind. Ich bin der Ansicht, das war bei mir der Fall.

Inwieweit hat Ihr Mann Sie bei Ihrer Bundesratskandidatur unterstützt?

Politisch konnte er nichts tun. Aber er hat mich psychisch unterstützt, obwohl er natürlich schon etwas Angst vor den Konsequenzen einer allfälligen Wahl hatte. Wir haben damals oft über den Machtwillen diskutiert. Ich habe mich gefragt, ob ich überhaupt Macht will und was ich mit der Macht tun würde. Ich kam zum Schluss, dass ich Macht wollte, um etwas zu erreichen.

Haben Männer ein anderes Machtverständnis als Frauen?
Das vermag ich eigentlich nicht zu beurteilen. Bei Männern scheint mir alles etwas «gröber» zu sein, einfacher, klarer. Männer wollen Macht, sie wollen Karriere machen. Bei Frauen ist das anders. Obwohl man natürlich nicht generalisieren darf.

Männer sagen selten, dass sie Karriere machen wollen.
Sie sagen es selten, wollen es aber.

Warum ist das Ihrer Meinung nach verschieden bei Männern und Frauen?
Letztlich setzen Frauen und Männer andere Prioritäten. Das Zwischenmenschliche, die Freunde und die Familie haben für sie einen unterschiedlichen Stellenwert. Bei mir war das auch so. Für mich standen mein Mann, meine Kinder, meine Freunde im Vordergrund. Ich wurde ja auch einmal als Zürcher Stadtratskandidatin angefragt und habe ohne Zögern abgesagt, weil meine Kinder damals noch sehr klein waren.

Ihr Mann und Sie sind beide gleich alt. Er ist nach wie vor sehr aktiv, Sie dagegen kaum mehr.
Das ist richtig. Ich werde in der Tat nicht mehr so häufig angefragt. In der Politik werden zu Recht die Jüngeren nachgezogen. Mein Mann ist zwar emeritierter Professor, wird aber nach wie vor als Experte in Gremien berufen. Er ist noch immer Präsident seines Instituts für Suchtforschung, ein Thema, das natürlich nach wie vor sehr aktuell ist. Zudem ist er für die WHO tätig.

Was machen Sie heute noch?
Ich habe nur noch ein einziges Amt. Ich bin Mitglied des Stiftungsrats von «Fairplay», einer Stiftung, die versucht, Nachhaltigkeit in der Wirtschaft zu erreichen. Mit geringem Erfolg.

Welche Konsequenzen hatte Ihre Nichtwahl als Bundesrätin auf Ihr Berufsleben?
Keine. Es klingt vielleicht eigenartig, aber ich hatte den Zenit damals schon überschritten. Es kamen neue, jüngere, aktive Frauen. Ich wurde bereits als Nationalrätin Verwaltungsratsmitglied der damaligen PTT und war später Vizepräsidentin. Ich war Vizepräsidentin bei Coop Schweiz und sass im Bankrat der Nationalbank. Diese Ämter habe ich schon vor meiner Bundesratskandidatur ausgeübt, und daran hat sich danach nichts geändert. Neue Ämter in der Wirtschaft sind mir nicht angeboten worden, das wollte ich aber auch nicht. Mit meiner Nichtwahl hatte das meines Erachtens nichts zu tun.

Und wie haben Sie die Zeit danach in der Politik erlebt?
Ich habe mich weiterhin der Wirtschafts- und der Finanzpolitik gewidmet, bis ich acht Jahre später als Nationalrätin zurückgetreten bin.

Warum sind Sie als erste Bundesratskandidatin aufgestellt worden?
Eigentlich hatte sich das abgezeichnet. Willi Ritschard hatte meinen Namen schon früh ins Spiel gebracht, und es kam niemand anders in Frage. Meine politische Karriere verlief für mich unproblematisch. Politisiert wurde ich durch meine Familie. In unserem bürgerlichen Zuhause war es selbstverständlich, dass mein Bruder aufs Gymnasium gehen und ich nur die Handelsschule besuchen würde. Es brauchte dann eine unnötige Anstrengung, die Matura nachzuholen, um zu studieren. Ich bin während Jahren sehr aktiv in der Frauenpolitik gewesen, besonders, als es um den Kampf um das Frauenstimmrecht ging. Als ich das erste Mal für den Nationalrat kandidierte, wurde ich ohne ein einziges Inserat gewählt und musste für meine Wahl nicht einmal den kleinen Finger rühren. Bei jeder Wiederwahl wurde ich quasi automatisch im Amt bestätigt, auch wenn ich mich als Nationalrätin dann ganz anderen politischen Geschäften widmete als der Frauenpolitik. Ich war der Meinung, dass ich dort meinen Teil geleistet hatte.

Haben es die heutigen Frauen in der Politik einfacher, als Sie es hatten?
Die heutigen Frauen müssen für ihre Positionen härter kämpfen als wir. Frauen wie ich, die sich für das Frauenstimmrecht eingesetzt haben und eine gute Ausbildung hatten, wurden von der Politik sehr umworben. Ich wurde sowohl von der FDP als auch vom LdU und später von der SP angegangen. Es war die Zeit, als alle Parteien unbedingt Frauen auf ihre Listen setzen wollten. Meiner Ansicht nach ist der Konkurrenzkampf mit den Männern in der Politik nach wie vor weniger gross als in der Wirtschaft. Erst wenn es um die hohen Ämter geht, die sich auch finanziell rentieren, greift der harte Wettbewerb – und dann wird es knallhart.

Sie waren in den politischen, vor allem aber auch in den wirtschaftlichen Gremien praktisch die einzige Frau. Hatten Sie einen besonderen Status?
Nein, aber das ging mit mir auch nicht. Wenn ich dabei bin, bin ich dabei und mache, was ich für richtig halte, ungeachtet meines Geschlechts.

Setzen Frauen in ihren Ämtern andere Prioritäten?
Das ist in meinen Augen sehr unterschiedlich. Es gibt Frauen, die wirken sehr männlich, leben nach männlichen Werten und Kriterien. Frauen haben oft einen anderen beruflichen Werdegang, sie sind seltener mit der Wirtschaft und den Finanzen gross geworden. Das hat den Vorteil, dass sie unabhängiger sind und auch unabhängiger politisieren.

Müssten sich die Frauen verändern, damit sie in den hohen politischen Ämtern erfolgreicher sind?
In erster Linie müssten sie quantitativ besser vertreten sein. Je mehr Frauen, desto eher haben sie Chancen. Im Allgemeinen wählen Frauen eher Frauen. Vielfach haben sie die Aufgabe, die Männer davon zu überzeugen, dass die Frauen Unterstützung verdienen. Es wäre deshalb gut, Frauen würden sich vermehrt den «männlichen» Domänen wie der Wirtschafts- und Finanzpolitik widmen. Und dann geht es natürlich auch darum, dass die Männer ihren Teil im Haushalt übernehmen. Mein Mann hat mich immer unterstützt und mich ermuntert, alles anzunehmen, was mich interessierte. Aber zum Teil wollte ich das gar nicht. Wir haben drei verschwisterte Waisen adoptiert, und das setzte einen enormen Einsatz voraus.

Wenn Sie nochmals beginnen könnten, würden Sie heute etwas anders machen?
Nein. Ich bin klar strukturiert, habe meine Prioritäten und bin diesen treu geblieben. Ich würde praktisch überall gleich entscheiden.

Christine Beerli
Am 10. Dezember 2003 nicht zur Bundesrätin gewählt

Christine Beerli nach ihrer Nichtwahl in den Bundesrat am 10. Dezember 2003

x x x x x x x x x x x x x x x x x x x x x x x x x x x x x x x x x

Christine Beerli-Kopp, geboren 1953, geschieden. Wirtschaftsgymnasium mit Matura im Herbst 1972. 1976 Abschluss des Jura-Studiums mit dem Lizentiat, 1978 Fürsprecherexamen. 1979–1998 selbständige Praxis in Biel, Mai 1998 bis Oktober 2003 Direktorin der Hochschule für Technik und Architektur Biel. 2002/2003 Leiterin des Projekts Fusion der Höheren Technischen Anstalten Bern, Biel und Burgdorf und seither Direktorin des Fusionsprodukts. Stadträtin in Biel, ab 1986 Mitglied des Grossen Rats. Präsidentin der freisinnigen Grossratsfraktion. 1991–2003 Ständerätin. 1996–2002 Präsidentin der freisinnigen Fraktion im Bundesparlament. 2003 offizielle Bundesratskandidatin für die Nachfolge von Bundesrat Kaspar Villiger. Diverse Verwaltungs- und Stiftungsratsmandate. Das Gespräch mit Christine Beerli fand am 29. April 2004 in Lenzburg statt.

Frau Beerli, war der 10. Dezember wirklich eine politische Richtungswahl? Hatten die Nichtwiederwahl von Ruth Metzler und Ihre Nichtwahl nichts mit der Frauenfrage zu tun?
Es ist immer schwierig, die eigene Situation ganz objektiv zu betrachten. Aber je länger ich darüber nachdenke, desto überzeugter bin ich, dass es am 10. Dezember tatsächlich nicht um eine Frauenwahl respektive -nichtwahl ging. Das stimmt auch mit meinem politischen Werdegang überein: Ich brachte einen grossen Erfahrungsschatz mit, war zwölf Jahre lang Ständerätin und sechs Jahre lang Fraktionspräsidentin. So gesehen waren es sicherlich in erster Linie politische Überlegungen, die dazu geführt haben, entweder ja oder nein zu meiner Wahl zu sagen.

Welche politischen Überlegungen waren denn ausschlaggebend?
Ich würde drei Gründe nennen: Erstens musste sich das Parlament fragen, ob es jemanden wählen will, der eher zur Konsenspolitik steht, oder ob es sich für die nächsten Jahre eine ganz klar bürgerlich positionierte Regierung wünscht. Zweitens ging es um die Region: Nach der Abwahl von Ruth Metzler hätte man mit meiner Wahl fünf Regierungsvertreter von ennet der Aare gehabt und niemanden mehr aus der Ostschweiz. Drittens hat die CVP nach Ruth Metzlers Abwahl ganz klar die Devise durchgegeben, man wolle jetzt die Position der Mitte besetzen und diese Rolle nicht dem Freisinn überlassen. Die Frage der Frauenvertretung war an sich völlig nebensächlich.

Das eidgenössische Parlament ist also nicht der Meinung, dass ein gesundes Geschlechterverhältnis bei der Zusammensetzung eines politischen Gremiums relevant ist.

In sämtlichen Sonntagsreden wird das natürlich bestritten. Aber wenn es wirklich um die Wurst geht, sind andere Kriterien ausschlaggebender. Wobei die CVP das Frauenargument schon mit berücksichtigt hat: Wenn man schon die eigene Frau «geopfert» hat, dann will man nicht ausgerechnet den Freisinnigen den Frauenbonus zuspielen. Damit wurde die Frage der Frauenvertretung, die an und für sich positiv besetzt ist, pervertiert. Die Frauenfrage wurde schon berücksichtigt, allerdings im negativen Sinn.

Ruth Metzlers Abwahl war im Vorfeld eigentlich voraussehbar. Haben Sie Ihrerseits mit einer Nichtwahl gerechnet?

Ja, aber meine Kandidatur war für mich irgendwie folgerichtig. Noch einmal ergab sich im politischen Prozess für mich die Möglichkeit mitzugestalten. Hätte ich diese aus eigenem Entscheid nicht wahrgenommen, wäre es mir vorgekommen, als würde ich «kneifen». Zudem kommt bei mir Transparenz vor Taktik. Das hat sich schon darin gezeigt, dass ich relativ früh nach der öffentlichen Rücktrittsankündigung von Kaspar Villiger meine Kandidatur bekannt gegeben habe. Mir wurde verschiedentlich gesagt, der frühe Zeitpunkt meiner Kandidatur habe auch viel Zeit für Kritik geboten. Das stimmt wahrscheinlich. Ich hatte an sich mit Franz Steinegger als starkem Gegenkandidaten gerechnet und war etwas erstaunt darüber, dass es nicht zum Zweierticket Steinegger/Beerli kam. Wie auch immer das Zweierticket aber ausgesehen hätte: Meine Kandidatur bedeutete für mich, den politischen Weg zu Ende zu gehen.

Ist das typisch weiblich, Transparenz vor Taktik zu stellen?
Wenn ich wüsste, was typisch weiblich ist! Allerdings kenne ich beruflich und privat tatsächlich sehr viele Frauen, bei denen ich das Gefühl habe, sie gingen ihren Weg sehr folgerichtig und konsequent. Sie taktieren weniger. Wenn sie etwas für richtig halten, dann machen sie es, ungeachtet dessen, ob es ihnen gerade nützt oder nicht.

Müsste man bei aller Anerkennung dieser Ehrlichkeit nicht sagen: «Frauen, lernt doch endlich, dass man es anders machen sollte»?
Die Frage ist doch, was das Ziel ist. Mein Ziel war es nie, auch nicht in dieser Bundesrats-Ausmarchung, einen persönlichen Status zu erreichen. Mein Ziel in der Politik war immer, etwas zu bewegen. Und zwar in die Richtung, die ich für richtig halte. Von dem her hätte es fast schon an Verrat gegrenzt, wenn ich aus taktischen Gründen etwas aufgegeben hätte, das mir wichtig erscheint. Dazu gehört auch die Transparenz. Was nützt es mir, ein Ziel zu erreichen, wenn ich ein Stück meiner Persönlichkeit dafür aufgeben muss? Ich glaube, relativ viele Frauen sehen das genauso.

Fällt diese Zielstrebigkeit den Frauen leichter, weil man ihnen einen «Misserfolg» in Form einer Nichtwahl eher verzeiht?
Tut man das? Es gibt ja sehr viel mehr Männer, die für den Bundesrat kandidiert und die Wahl nicht geschafft haben.

Sicher, aber es gibt auch viel mehr Männer, die überhaupt die Chance für eine Kandidatur bekommen. Immerhin ist auf Bundesebene dreimal eine offizielle, ernsthafte Frauenkandidatur mit sehr realistischen Wahlchancen zugunsten eines Mannes erfolglos geblieben: Lilian Uchtenhagen, Christiane Brunner und Sie wurden nicht gewählt.
Man könnte sich die Erklärung dafür einfach machen: Das Parlament besteht zu fast achtzig Prozent aus Männern, und von daher haben die Männer sicher einen Matchvorteil. Bei Lilian Uchtenhagen war die Vorstellung von einer Frau als Bundesrätin sicher noch sehr gewöhnungsbedürftig, die Männer haben ja auch mehrere Anläufe gebraucht, bis das Frauenstimmrecht durchkam. Aber eigentlich war ich der Meinung und bin es immer noch, dass es keine Rolle spielen darf, ob man sich als Frau oder als Mann zur Wahl stellt. Die Geschlechterfrage dürfte weder positiv noch negativ gewertet werden. Eine Kandidatin muss die Eigenschaften mitbringen, die sie auch als Mann wählbar machen würden. Im Vordergrund müssen bei einer Bundesratswahl die Persönlichkeit, das politische Profil und die Region stehen. Was mich verblüfft und was ich auch empfinde, ist die Tatsache, dass wir bei den nächs-

ten Ersatzwahlen wieder den gleichen Druck haben werden, eine Frau zu wählen. Eigentlich ist das für die Frauen ein Backlash.

Inwiefern haben Sie in Ihrer politischen Laufbahn zu spüren bekommen, dass Sie eine Frau sind?
Normalerweise, vor allem bei Begegnungen mit der Bevölkerung, habe ich es eher als positiv empfunden. Einer Frau begegnet man mit mehr Empathie, und umgekehrt habe ich auch den Eindruck, dass wir Frauen den Menschen gegenüber mehr Empathie zeigen. Wir Frauen sind eher in der Lage zu fragen, wo der Schuh drückt. Das habe ich von einem Mann selten gehört. Das Frausein habe ich jedenfalls weder in der Politik noch im Beruf als Last empfunden.

Auch nicht in der eigenen Partei?
Natürlich haben die Frauen in der FDP nicht den Status, den sie in der SP haben. Wir waren nie in der Lage, sechzig Prozent aller Posten mit Frauen zu besetzen. Aber die Frauen, die der Freisinn hatte,

wurden immer gefördert und ganz sicher nicht gebremst.

Warum gelingt es dem Freisinn dann weniger gut, Frauen zu gewinnen?
Die FDP hat sich über lange Zeit zu monothematisch betätigt. Die Partei hat die Akzente auf die Wirtschaft und die Finanzen gelegt. Das ist sicher sehr wichtig. Aber es gibt viele andere Themen, die vor allem auch Frauen interessieren, zum Beispiel die Bildungs-, die Familien- oder die Umweltpolitik. Diese Themen wurden sehr lange stiefmütterlich behandelt.

Ist es nicht überholt, zwischen «Männer-» und «Frauenthemen» zu unterscheiden?
Wenn man in der Politik steht, sicher. Ich war ja auch in der Wirtschafts- und Abgabekommission, habe unter anderem auch Steuerpolitik gemacht. Wenn man einmal drin ist, dann ist die Palette von Interessen breiter. Aber um die Leute anzusprechen, um sie abzuholen, muss man dort ansetzen, wo ihre Interessen liegen. Für eine Frau, die Beruf und Familie unter einen Hut bringen muss, steht nun einmal die Familienpolitik im Vordergrund und nicht das Kartellrecht.

Stellen Sie fest, dass Frauen in verschiedenen Punkten anders politisieren als Männer?
Das ist eine schwierige Frage. In den Kommissionen, wo es um Sachpolitik geht, ist mir das nicht so vorgekommen. Möglicherweise sind Frauen in ge-

wissen Situationen eher bereit, etwas lösungsorientierter zu denken. Sie politisieren weniger mit Scheuklappen und fürchten sich weniger vor Koalitionen. Wenn man ein Ziel, eine bestimmte Lösung erreichen will, ist man eher bereit, nicht darauf zu schauen, wer diese Lösung unterstützt. Aber generelle Unterschiede stelle ich nicht fest.

Haben Sie je davon profitiert, als Frau ein politisches Amt anzustreben?
Ohne den Umstand, dass bei meiner Ständeratskandidatur mit Leni Robert eine Frau auf der Gegenseite kandidierte, wäre ich vom Freisinn nie aufgestellt worden. Es gab gestandene Politiker wie Jean-Pierre Bonny, die eine Wahl verdient hätten. Schon aus Altersgründen wäre ich nicht in Frage gekommen, ich war damals 38 Jahre alt. Aber meines Erachtens hat man zu Recht gesagt, wenn Leni Robert auf der anderen Seite steht, braucht der Freisinn auch eine Frau.

Sie sind als Frau gegen eine Frau angetreten. War das ein Problem?
Überhaupt nicht. Wir hatten und haben ein gutes Verhältnis. Natürlich haben wir die Ausmarchung kämpferisch geführt und waren in Sachfragen nicht gleicher Meinung. Aber wir hatten grossen Respekt voreinander. Leni Robert war eine Ikone im Kanton. Man hat sie geliebt oder gehasst. Aber jedermann kannte sie. Mich hat niemand gekannt. Ich musste viel Terrain wettmachen. Es kam dann ja auch zu einem zweiten Wahlgang.

Frauen sind eher lösungsorientiert, sagen Sie. Spielt das auch bei der Frauensolidarität mit?
Es gibt sicher Fragen, bei denen die Frauen zusammenstehen. Aber es gibt auch das Gegenteil, es gibt Situationen, von denen man weiss, dass Frauen eher Männer wählen. «Wenn ich nicht kann, warum soll die dann», das kommt nicht selten vor. Wahrscheinlich öfter bei den bürgerlichen als bei den linken Frauen, die ihre Kolleginnen eher unterstützen.

Haben Sie diese «Stutenbissigkeit» auch zu spüren bekommen?
Das ist etwas, worüber nicht gesprochen wird, und ist also auch nicht zu beweisen. Direkte Feindschaften habe ich nie gespürt. Ich habe während der Bundesratskandidatur viel gelernt. Man lernt die

Menschen richtig kennen, man merkt, wem man vertrauen kann und wem nicht. Es gibt solche, die einem eher in den Rücken fallen. Bei einigen erwartet man das, bei anderen weniger.

Hätten Sie erwartet, dass die Frauen während Ihres Bundesratswahlkampfs stärker für Sie auf die Barrikaden steigen?
Ich habe es nicht erwartet, weil die Frauenfrage in diesem Wahlkampf, wie gesagt, kein Thema war. Die parlamentarische Frauengruppe ist voll zu mir gestanden. Die meisten SP-Frauen haben zumindest leer eingelegt. Bundesrätin Micheline Calmy-Rey hat mir im Nachhinein eine sehr nette Karte geschrieben. Sie habe die Lage völlig unterschätzt, sonst hätte sie sich viel stärker für die Frauenfrage eingesetzt.

Wie haben Sie die Medien wahrgenommen?
Mein Verhältnis gegenüber den Medien war meiner Ansicht nach immer von einer gesunden Distanz geprägt. Es gab weder Anbiederung noch Angst, es war keine Liebesbeziehung, aber man achtete sich gegenseitig. Das war auch während des Bundesratswahlkampfs so, mit einer einzigen Ausnahme. Was mich gekränkt hat, waren die Schlenker, in denen man mir Opportunismus vorwarf. Weil es schlichtweg nicht stimmt. Richtig ist, dass ich aus meiner Lösungsorientiertheit heraus eher einmal für einen Kompromiss bereit war als andere. Das wurde mir ab und zu als Stromlinienförmigkeit ausgelegt.

Wurden bei Ihnen andere Dinge beleuchtet als bei den Männern?
Eindeutig. Das hat mich schockiert. Man ist viel mehr in die Tiefe gegangen, wobei das zum Teil selbstverschuldet war, weil ich meine Kandidatur so früh bekannt gegeben habe. Aber es sind auch Fragen gestellt worden, die man einem Mann nie gestellt hätte, zum Beispiel die Frage nach meiner Scheidung.

Wehren sich die Frauen zu wenig gegen diese Ungleichbehandlung?
Natürlich habe ich den «10 vor 10»-Redaktor gefragt, ob er solche Dinge auch von Männern wissen wolle. Aber wenn man nichts dazu sagt, wird einem das auch negativ ausgelegt.

Warum ist es immer noch so, dass man Frauenkandidaturen anders behandelt?
Es ist eben immer noch nicht Normalität, dass Frauen für hohe politische Ämter kandidieren. Anderseits kommt es darauf an, was die Medien wollen, welche Tendenz sie vertreten. In meinem Wahlkampf hatte ich den Eindruck, dass es nicht darauf hinauslief, mir irgendwelche Hilfestellungen zu leisten. Zugegebenermassen war auch das Gegenteil nicht der Fall, obwohl man nicht gerade pfleglich mit mir umging, was bei der Kandidatur von Micheline Calmy-Rey anders war.

Bürgerliche Frauen werden härter angefasst als linke Frauen?

Ich habe einmal einen Journalisten aus der Romandie gefragt, ob man mit Micheline Calmy-Rey ebenso pfleglich umgegangen wäre, wenn sie eine bürgerliche Frau gewesen wäre. Der Journalist verneinte es.

Wie haben Sie die Zeit nach der Wahl erlebt?
Die Reaktionen aus der Öffentlichkeit waren überwältigend. Ich habe wahnsinnig viele Briefe und Karten bekommen, auch von wildfremden Leuten. Längst nicht nur von Frauen, sondern auch von Männern aller Altersstufen. Während der Weihnachtsferien habe ich allen geantwortet.

Haben Sie die Bundesratskandidatur im Nachhinein bereut?
Ganz und gar nicht. Was ich allerdings gespürt habe, war: Wenn man so lange mit der Politik gelebt hat, in der letzten Phase auf hundertfünfzig dreht und dann plötzlich auf null herunterfahren muss, dann fühlt man sich etwas heimatlos und weiss im Moment nicht mehr genau, wie man sich orientieren soll.

Kommentar

Die interviewten Exekutivpolitikerinnen stammen aus verschiedenen Milieus, haben ganz unterschiedliche berufliche Ausbildungen, gehören verschiedenen Parteien und Generationen an. Trotzdem gibt es, was ihre Abwahlen betrifft, viele Gemeinsamkeiten: gemeinsame Erfahrungen und Erkenntnisse, gemeinsame Versäumnisse und Unterlassungen. Und die interviewten Frauen haben ganz konkrete Vorstellungen, welcher Typ Frau es schafft und welcher eben nicht. Vorstellungen, die sich mit meinen eigenen Beobachtungen decken.

Die Wahl
Im Vergleich zu den europäischen OSZE-Ländern, in denen der Frauenanteil in nationalen Parlamenten bei 17,6 Prozent liegt, steht die Schweiz mit 23,9 Prozent gut da.[5] Wie der Vergleich der Schweiz mit den europäischen Industrieländern auf Exekutivebene aussehen würde, muss offen bleiben, weil kein Zahlenmaterial vorhanden ist. Das ist insofern nicht weiter erstaunlich, als die verschiedenen Staatssysteme schlecht miteinander vergleichbar sind. Jedenfalls sind in der Schweiz von den insgesamt 158 Regierungsratssitzen 36 von Frauen besetzt (Stand: Ende September 2004). Das sind trotz allem nur gerade 23 Prozent. Eine Frauenkandidatur ist also immer noch etwas Aussergewöhnliches und erregt mehr Aufmerksamkeit als eine Männerkandidatur. Diese grössere Beachtung führt dazu, dass sich auf kantonaler Ebene vor allem versierte Politikerinnen zur Verfügung stellen, die sich aufgrund ihres beruflichen und politischen Erfahrungs-

hintergrunds qualifiziert haben und in der Öffentlichkeit bekannt sind.

Anders als auf der Bundesebene, werden Regierungsratsmitglieder von den Stimmbürgerinnen und Stimmbürgern gewählt. Die Wahlen sind denn auch ausgesprochene Persönlichkeitswahlen. Geschriebene und ungeschriebene Regeln, wie Regionszugehörigkeit oder die Ansiedlung im rechten oder linken Parteiflügel, die bei einer Bundesratswahl dominieren, sind auf kantonaler Ebene eher von sekundärer Bedeutung. Während es bei Ruth Metzler-Arnold als unbestritten gilt, dass sie mit ihrem beruflichen und politischen Hintergrund als Mann kaum gewählt worden wäre, war die Wahl der hier befragten Regierungsrätinnen nicht zufällig. Dennoch stand nicht in erster Linie das Individuum mit seinen Stärken und Schwächen im Vordergrund, sondern die Gattung «Frau».

Alle interviewten Frauen profitierten, analog zur gesellschaftlichen Entwicklung, von der Tendenz, Frauen zur Wahl vorzuschlagen. Die meisten von ihnen waren die ersten Kandidatinnen ihrer jeweiligen Partei oder sogar ihres Kantons. Angesichts der Überzeugung, es sei jetzt Zeit für eine Frau, rückten die sachlich begründeten Qualifikationen und Qualitäten der Kandidatinnen in den Hintergrund. Diese Pionierinnenrolle war und ist mit zahlreichen zusätzlichen Schwierigkeiten verbunden, die oft unterschätzt werden, wie die amerikanische Feministin Marie C. Wilson in ihrem neuesten Buch betont: «Als die Erste und Einzige bleibt die Frau immer irgendwie suspekt und wird leicht zum Gespött. Solange wir nicht genügend verschiedenartige Frauen auf wichtigen Posten haben, müssen die wenigen, die an der Macht sind, immer für ihr ganzes Geschlecht sprechen und ganz allein die Bürde für alle Frauen tragen.»[6]

Nicht ohne eine gewisse Irritation haben die interviewten Frauen zur Kenntnis genommen, wie in den Medien über sie berichtet wurde. Roselyne Crausaz beispielsweise wurde nach ihrer Nominierung als «schöne Begonie» beschrieben. Die Bundesratskandidatin Christine Beerli musste sich Fragen nach den Umständen ihrer Scheidung gefallen lassen. Wie zahlreiche, auch internationale Studien darlegen[7], wird über Frauen in den Medien häufig – und das gilt für die Kandidatinnen genauso wie für die späteren Amtsinhaberinnen – mit einem «trivialisierenden» Blick berichtet: Das zeigt sich in der viel häufigeren Beschreibung weiblicher Stärken und Schwächen sowie in den detaillierten Schilderungen ihres Aussehens, ihrer Kleidung und ihrer familiären Verhältnisse. Gleichbehandlung in den Medien gibt es für Politikerinnen nach wie vor nicht, noch immer dominieren Klischees und Assoziationen statt Argumente. Metaphern für Frauen ersetzen oft die Analyse.

Zusätzliche Schwierigkeiten ergeben sich, wenn zwei Frauen für das gleiche Amt kandidieren. Getreu der historisch verbrieften Aufteilung der

Frauen in gute und schlechte Frauen, Heilige und Huren, werden sie in eine positiv und eine negativ besetzte Rolle gedrängt. Das zeigte sich auch in der Bundesrätinnenwahl von 1999: Je länger der Wahlkampf dauerte, umso mehr wurde Rita Roos, die Ältere, die Erfahrene, in die Rolle der grimmigen, verbiesterten Frau gedrängt, während Ruth Metzler-Arnold, die Junge, Frische, als die arglose Strahlefrau galt. Typisch für dieses Muster waren die Übernamen, die Politiker und Journalisten den beiden Kandidatinnen hinter vorgehaltener Hand gaben: Rita Roos war das böse Fräulein Rottenmeier, während Ruth Metzler-Arnold als harmloses Heidi gehätschelt wurde.

Untereinander hüten sich die Frauen vor gegenseitigen Anwürfen. Männer gehen in solchen Situationen unzimperlicher vor: Als der freisinnige Bundesratskandidat von 2003, Hans-Rudolf Merz, gefragt wurde, was er besser machen würde als seine Mitkonkurrentin Christine Beerli, blieb er die Antwort nicht schuldig. Anders Christine Beerli, sie liess die Frage offen. Auch Rita Roos und Ruth Metzler-Arnold wurde diese Frage wiederholt gestellt, «aber wir haben beide darauf verzichtet, die Fähigkeiten der anderen herabzusetzen», sagt Ruth Metzler-Arnold.

Und noch etwas kennzeichnet viele Nominierungen der vergangenen Jahre: Es setzten sich Frauen durch, die zwar verdiente Parteimitglieder waren, oftmals aber – vor allem aus familiären Gründen –

weniger lang oder in wenig öffentlichkeitswirksamen Funktionen politisch tätig gewesen waren. Sie verdrängten «altgediente» Männer, die sich berechtigte Hoffnungen auf eine Kandidatur machten. Das führte in vielen Fällen von Anfang an zu Misstönen innerhalb der Partei. Auch wenn diese nicht offen zu hören waren, blieben bei den Übergangenen und deren Umfeld Ressentiments zurück.

Die komplexen Umstände einer Frauenwahl sind den Kandidatinnen durchaus bewusst. Auch aus diesem Grund überlegen es sich die Frauen länger als die Männer, bevor sie einer Kandidatur zustimmen. Noch öfter aber ist es die mangelnde Attraktivität einer Machtposition, teilweise gar die Ablehnung dieser gegenüber, die die Frauen zögern lässt. Leni Robert, die zweite Regierungsrätin der Schweiz, geht sogar noch weiter und meint, lange an der Macht zu sein, mache korrupt. Frauen beherrschen den Umgang mit einem mächtigen Amt in der Regel auch weniger gut als Männer – nicht zuletzt, weil sie während Jahrhunderten von der Machtausübung ausgeschlossen waren und ihnen diese an sich wenig attraktiv erscheint.

Macht und Männlichkeit sind in unserer Kultur nach wie vor praktisch gleichbedeutend.[8] Das macht die Machtfrage für Frauen enorm schwierig. Frauen reden deshalb lieber von Mitbestimmung, Kompetenz, Einfluss und Verantwortung und beziehen sich, wenn sie sich auf einen philosophischen Diskurs einlassen, in ihrem Machtverständnis auf

Hannah Arendt: «Macht entspricht der menschlichen Fähigkeit, nicht nur zu handeln oder etwas zu tun, sondern sich mit anderen zusammenzuschliessen und im Einvernehmen mit ihnen zu handeln. Über Macht verfügt niemals ein Einzelner; sie ist im Besitz einer Gruppe und bleibt nur so lange existent, als die Gruppe zusammenhält.»[9] Frauen haben deshalb versucht, Macht neu zu definieren. In der Öffentlichkeit kommt das nicht immer gut an: Frauen wirken dadurch oft zögerlich und wenig zielstrebig.

Tritt umgekehrt eine Frau sehr selbstbewusst auf, wird das zunächst zwar anerkannt, später aber als «zu männlich» negativ ausgelegt. Stéphanie Mörikofer hat beobachtet, dass die erste Generation von Regierungsrätinnen aufgrund so genannter männlicher Eigenschaften wie Durchsetzungsfähigkeit, Hartnäckigkeit, Intelligenz und Sachkundigkeit gewählt, danach aber genau dieser Eigenschaften wegen wieder abgewählt wurde. Hier zeigt sich ein grosses Dilemma der Frauen, das mit den unterschiedlichen rollenbedingten Erwartungen an Mann und Frau zu tun hat, die in der öffentlichen Wahrnehmung dazu führen, dass gleiche Verhaltensweisen von Mann und Frau unterschiedlich interpretiert werden. Obwohl die Geschlechterforschung seit langem auf die fatalen Auswirkungen dieser unterschiedlichen Interpretation hinweist, wird weiterhin mit zwei Ellen gemessen: Der Mann hat eine klare Haltung. Die Frau ist stur. Der Mann scheut sich nicht, offen und laut zu sagen, was er denkt. Die Frau drängt sich vor. Der Mann übt seine Autorität geschickt aus. Die Frau ist machtbesessen. Der Mann ist ein Kämpfer. Sie ist hart und unweiblich. Der Mann setzt sich in den Diskussionen gekonnt durch. Die Frau redet ständig drein. Der Mann verhandelt geschickt. Sie ist wankelmütig ...[10]

Dazu kommt, dass die Erwartungen, die Frauen an sich selber stellen, übertrieben hoch sind. Fehlt es ihnen auch nur an einer einzigen Qualifikation, die für ein politisches Exekutivamt von Vorteil wäre, schrecken sie vorschnell vor einer Kandidatur zurück. Odile Montavon fragte sich lange, ob sie als Pharmazeutin fähig sei, das Erziehungsdepartement zu leiten. Die Juristin und langjährige Nationalrätin Francine Jeanprêtre zögerte, einer Kandidatur zuzustimmen, weil sie noch nie ein grösseres «Unternehmen», wie das Waadtländer Erziehungsdepartement eines ist, geführt hatte. Solche Zweifel werden oft von der Kandidatin selbst artikuliert und in der Öffentlichkeit registriert.

Hat sich die Frau aber einmal für die Kandidatur entschieden, geht sie den Wahlkampf mit aller Entschlossenheit an. Hat sie auf die Anfrage für eine Kandidatur noch defensiv reagiert, geht sie nun in die Offensive und emanzipiert sich. Sie will nicht einfach gefallen, sondern vor allem Profil zeigen. Nach der anfänglichen Zurückhaltung irritiert das viele Wählerinnen und Wähler, die sich ein anderes Bild von der Kandidatin gemacht hatten. Die «Verselbständigung» der Frau hinterlässt nicht selten negative Gefühle, die sich mit der zunehmenden Emanzipation während der Amtsführung verstärken und schliesslich massgeblich zur Abwahl beitragen.

Die Amtsführung
Fragt man Exekutivpolitiker und Exekutivpolitikerinnen nach den Zielen, die sie sich für ihre Legislatur gesteckt haben, so unterscheiden sich ihre Aussagen nur geringfügig: Sie streben ein gut funktionierendes Departement an, eine positive Grundstimmung, und sie wollen die anstehenden Sachprobleme nach Möglichkeit ohne zusätzlichen Kostenaufwand lösen. Frauen und Männer gehen in der Umsetzung jedoch unterschiedlich vor. Frauen konzentrieren sich stark auf das Innenleben der Verwaltung, was wohl mit der den Frauen generell attestierten teamorientierten Führung zu tun hat. Zudem gilt es für viele Frauen, negativ geprägte Vorurteile abzubauen. Beispielsweise jenes, wonach eine Frau nicht in der Lage sei, ein Militäroder ein Baudepartement zu führen.

Als ob die Erwartungen von aussen nicht schon gross genug wären, meinen die Frauen, tagtäglich ihre Befähigung unter Beweis stellen zu müssen. Sie arbeiten deshalb nicht nur sehr engagiert, sondern auch sehr viel. Ob der sachbezogenen Arbeit vergessen sie, dass sie ein politisches Amt ausüben, bei dem es nicht nur um Sachgeschäfte geht, sondern auch um Lobbying, Befriedigung von Interessengruppen und um Networking. Ausnahmslos betonen die Frauen, sie hätten sich in die Sacharbeit vergraben und höchst selten die Wiederwahl vor Augen gehabt. Ein Geschäft nicht anzurühren, weil es die Wiederwahl gefährden könnte, sei ihnen gar nicht erst in den Sinn gekommen.

Sie habe die Beobachtung gemacht, sagt Veronica Schaller, dass Frauen mehr arbeiten würden als politisieren. Sie hätten einen ausgesprochenen Gestaltungswillen und scheuten die Veränderung nicht. An Tatbeweisen fehlt es beileibe nicht: Veronica Schaller beispielsweise legte sich bei der Wahl eines Nichtbasler Museumsdirektors mit dem «Basler Daig» an. Odile Montavon stellte klar, dass ein jurassischer Bezirk das lang ersehnte Lycée nicht bekommen würde. Rita Roos trennte sich von langjährigen, stark vernetzten Kadermitarbeitern. Dabei fällt auf, dass von Frauen getroffene Personalentscheide viel häufiger kritisiert werden als diejenigen von Männern. Das gilt für den von Rita Roos entlassenen FDP-Generalsekretär genauso wie für den von Ruth Metzler-Arnold neu eingestellten Kommunikationschef, der die Nachfolge des langjährigen Verantwortlichen für Öffentlichkeitsarbeit antrat, der in Pension gegangen war.

Dass die Chefin des Justizdepartements einen PR-Mann einstellte, wurde nicht nur bei der Bekanntgabe, sondern während ihrer ganzen Amtszeit kritisch kommentiert. Ruth Metzler-Arnold begründet diese Wahl folgendermassen: «Ich habe mir mit Hans Klaus jene Kompetenz ins Departement geholt, die noch gefehlt hat. Insbesondere innerhalb der CVP galt der parteilose Informationschef aber als zu liberal und mir zu wenig nahe stehend.» Die Kritik an Klaus wurde intern und extern damit begründet, dass die gelegentlich technokratisch wirkende Ruth Metzler-Arnold jetzt auch noch einen wenig politisch denkenden Kommunikationschef ernenne, bei dem die Affinität zur CVP fehle.

Nicht nur bei Sachgeschäften, sondern auch in Personalentscheiden achten Frauen weniger auf politische Seilschaften, kümmern sich nur am Rande um strategische Netzwerke und verhalten sich oft taktisch ungeschickt. Die interviewten Frauen begründen dies mit der inneren Freiheit, die ihnen ungemein wichtig sei und normalerweise nur schon deshalb grösser als diejenige der Männer, weil Frauen ihren beruflichen und politischen Werdegang mit weniger Hilfe von Service-Clubs, Militär-Kollegen und Partei-Seilschaften gemacht haben.

Natürlich sind auch Frauen bereit, nötige Seilschaften zu bilden und Kompromisse einzugehen. Man sagt ihnen sogar nach, sie scheuten die Koalitionsbildung weniger als Männer. In vielen Fällen handeln die Exekutivpolitikerinnen aber fast ausschliesslich nach ihrer eigenen Überzeugung, ungeachtet der politischen Konsequenzen. Wenn die Frauen ein Geschäft für wichtig und dringend halten – gemäss ihrem eigenen Wertmassstab und nicht demjenigen der Aussenwelt –, dann greifen sie es auf. Und sie bringen es erstaunlicherweise auch oft durch, wobei das ihrer Meinung nach neben der Empathie vor allem auch mit ihrer sorgfältigen Vorbereitung zu tun hat. Ruth Metzler-Arnold sagt, sie habe sich immer bis ins Detail vorbereitet, da man den Frauen ja oft genug die Sachkompetenz abspreche.

Auffallend ist, dass Frauen manchmal geradezu masochistisch handeln, indem sie äusserst heikle Geschäfte aufgreifen, die genau besehen nicht vorrangig behandelt werden müssten. Veronica Schaller hätte die Zustände bei der Zentralwäscherei in Basel nicht zwingend ändern müssen, zumal sie dabei nur verlieren konnte. Margrit Fischer war die Bestrafung der Gewalt in der Ehe ein so grosses Anliegen, dass sie nicht lockerliess und sich dabei auch in der eigenen Partei viele Feinde machte.

Selbst Christine Beerli, die sich mit pauschalen Beurteilungen vorsichtig zurückhält, hat den Eindruck gewonnen, Frauen würden ihren Weg folgerichtig und konsequent zu Ende gehen, ungeachtet dessen, ob ihnen diese Konsequenz nun nütze oder schade. Aber es bleibt nicht nur bei der Konsequenz. Auffallend ist, dass die Frauen ihre Dossiers zum Teil mit einer regelrechten Besessenheit verfolgen. Die damit einhergehende mangelnde Distanz führt nicht selten dazu, dass sie keinerlei Gehör mehr zeigen für externe und interne Warnungen und der Kommunikation vor allem in Krisenzeiten viel zu wenig Beachtung schenken. Im Nachhinein räumen einige Frauen ein, diesen Faktor zu sehr vernachlässigt zu haben.

Gelegentlich haben sie aber auch zu wenig kommuniziert, weil ihnen ihr loyales Verhalten in die Quere gekommen ist: Im Fall des entlassenen Polizeikommandanten hielt sich Margrit Fischer strikte an den Beschluss des Gesamtregierungsrates, über die genauen Umstände nicht weiter zu informieren. Stéphanie Mörikofer, der die Misswirtschaft bei der Stiftung Egliswil mit zum Verhängnis wurde, liess aus Loyalität gegenüber ihrem Kollegen, der die Untersuchung führte, heftige Vorwürfe gegen sie selbst im Raum stehen.

Die Vernachlässigung der Kommunikation geht Hand in Hand mit der vernachlässigten Pflege von informellen und formellen Netzwerken – Stellen, an denen so manches ins rechte Licht gerückt werden könnte. Die stärkere Pflege der Netzwerke setzt allerdings auch eine zeitliche Verfügbarkeit ausserhalb der ordentlichen Arbeitszeit voraus. Viele Exekutivpolitikerinnen betonen, dass sie auf den einen oder anderen Abendanlass, der in ihren Augen wenig sachdienlich war, vor allem zugunsten der Partnerschaft und der Familie verzichtet hätten. Trotzdem wurde den Regierungsrätinnen mit Kindern, mal unterschwellig, mal deutlich, vorgeworfen, sie würden ihre familiären Pflichten aus Karrieregründen vernachlässigen. Anita Rion, die sich während ihrer Amtszeit scheiden liess, wurde vom Richter nicht einmal gefragt, wie sie für ihren

Sohn sorgen würde, bekäme sie das Sorgerecht zugeteilt. Odile Montavon erhielt unzählige Briefe, in denen sie in beleidigender Art und Weise der Vernachlässigung ihrer Familie bezichtigt wurde. Und wenn es nicht die Vernachlässigung der familiären Pflichten ist, so ist es der angeblich falsche Partner, der der Frau mit zum Verhängnis wird – was weder bei Elisabeth Kopp noch bei Ruth Metzler-Arnold näher erläutert werden muss.

Eine Untersuchung der Politologin Helga Lukoschat bei deutschen Politikerinnen zeigt ein ähnliches Bild. Politikerinnen erleben ihr Privatleben oftmals als «auf groteske Weise fragmentiert»[11]. Dabei sind es nicht in erster Linie die Kinder, die sie als entscheidende Barriere für die politische Karriere empfinden, sondern vielmehr die fehlende Bereitschaft vieler Männer, hinter den Erfolgen der Frau zurückzustehen und die unsichtbare Rückendeckung und Zudienerarbeit zu leisten. Gegenüber den meisten Politikern, die nach wie vor auf eine hauptberufliche Ehefrau zählen können, empfinden sie sich im Nachteil. «Wenn Frauen in politischen Spitzenpositionen keine Ausnahme bleiben und mehr Frauen für politische Positionen gewonnen werden sollen», schreibt Helga Lukoschat, «so müssen sich nicht nur schrittweise die Strukturen des politischen Raums verändern, sondern ebenso die Strukturen des Geschlechterverhältnisses im privaten Bereich. Vor allem wird es darum gehen, den Wandel des traditionellen Männlichkeitsbildes zu beschleunigen, der mit der kritischen Veränderung der traditionellen Frauenrolle innerhalb der letzten Dekaden nicht Schritt gehalten hat.»[12]

Die Wiederwahl
Anders als bei der Erstkandidatur, bei der die Frau auch aus Imagegründen von der Partei nominiert und damit viel weniger angreifbar war, präsentiert sich die Ausgangslage eine Legislatur später differenzierter: Über die Jahre war in den Medien viel über die Frau zu lesen, in Interviews hat sie sich artikuliert, sie hat Sachgeschäften ihren Stempel aufgedrückt und ihr eigenes Profil entwickelt. Die scheinbar pflegeleichte Kandidatin hat sich zur unabhängigen Politikerin entwickelt. In aller Deutlichkeit zeigte sich das am Beispiel von Ruth Metzler-Arnold, die von ihrer eigenen Partei und von der SVP, die gemeint hatten, ein willfähriges Töchterchen gewählt zu haben, fallen gelassen wurde. Im Vorfeld des Wiederwahlkampfs rächt sich aber auch, wenn Frauen ob ihrer Arbeit das politische Umfeld vernachlässigt haben. Ganz abgesehen von geschlechtsunabhängigen Enttäuschungen von Wählerinnen und Wählern, mangelt es den Frauen vor allem am Sukkurs derjenigen Frauen, die sich mehr von der Frauenvertretung in der Exekutive erhofft haben und sich nun enttäuscht abwenden. Hinzu kommen all jene, die der Frau Regierungsrätin schon lange einen Denkzettel verpassen wollten: Kandidaten, die ihretwegen übergangen wurden, Kaderleute, die über die Unabhängigkeit ihrer Chefin gestolpert sind, sowie jene Wähler, die politisierenden Frauen gegenüber

grundsätzlich skeptisch eingestellt sind. Zudem stellen Frauen für Männer oft eine grössere Konkurrenz dar als die anderen Männer. Bei einem Exekutivamt geht es – viel stärker als in der Legislative – um Macht. Macht abzugeben fällt generell schwer. Sie an eine Frau abzugeben, scheint aber vielen Männern noch viel schwerer zu fallen.

Es wird den Exekutivpolitikerinnen oft attestiert, sie hätten äusserst positiv auf das Regierungskollegium gewirkt. Selbst Leni Robert, die durch ihre Wahl den Freisinn aus der Regierung gedrängt und seit ihrem ersten Amtstag die bürgerlichen Parteien gegen sich hatte, erinnert sich an die Aussage eines ihrer damaligen SVP-Kollegen, wonach das Regieren noch nie so angenehm gewesen sei wie zu der Zeit, als sie mitregiert hätte. Doch im Wiederwahlkampf ist solches Lob fehl am Platz: Die Kandidierenden sind der Partei verpflichtet, und die Partei profiliert sich nicht zuletzt dadurch, dass sie sich von anderen Parteien und ihren Vertretern und Vertreterinnen absetzt. Frauen sind solche Machtkämpfe meist zuwider. Sie verhalten sich im Wahlkampf so loyal, wie sie es in der Regel auch während der Amtszeit tun. Vorwürfe, die im Wahljahr (wieder) zu hören sind, kontern sie nicht einmal dann, wenn sie direkt auf ihre Persönlichkeit zielen oder wenn sie unbegründet sind. Kampagnen gegen Frauen werden zudem in einer negativeren Tonalität geführt. Ungehörige Fragen der Medien, die ins Privat- und Intimleben zielen, werden von den Frauen aus der Angst heraus beantwortet, das Schweigen würde ihnen negativ ausgelegt und wäre schädlich für ihre Wiederwahl. So entschieden Frauen in der Sache sind, so zurückhaltend, fast schüchtern sind sie, wenn es um sie als Frau geht. Viele der abgewählten Frauen würden persönliche Attacken – auch parteiinterne – im Nachhinein schneller kontern und sich lange nicht mehr so viel gefallen lassen wie zu ihrer Zeit als aktive Politikerin. Sie raten ihren Nachfolgerinnen, sich von Anfang an zu wehren, auch wenn das Mut und Selbstbewusstsein erfordere.

Es ist nicht nur die Abwehr von unflätigen Anwürfen, die die Frauen unterlassen. Sie verzichten auch darauf, ihre Verdienste hervorzuheben, das Erreichte zu betonen und sich selbstbewusst zu präsentieren. Auch hier wirkt die während Jahrhunderten anerzogene weibliche Bescheidenheit nach. Sie habe sich doch unmöglich selber zum Thema machen und sich als «CVP-Gesicht der Zukunft» verkaufen können, sagt Ruth Metzler-Arnold.

So abgedroschen es klingt, die weibliche Bescheidenheit ist noch immer eine der grossen Barrieren bei der Behauptung der Frauen auf dem öffentlichen Parkett. Obschon Bescheidenheit in der Öffentlichkeit nicht angesagt ist, tun sich viele Frauen nach wie vor schwer damit, diese «Zier» abzulegen. «Die zu grosse Bescheidenheit vieler Politikerinnen ist eine Barriere, die den Schritt in die Öffentlichkeit verhindert», schreibt die deutsche Medienwissenschafterin Ulla Weber: «Die Hemmschwelle, sich in die Öffentlichkeit – und vor allem in die Medienöffentlichkeit – zu begeben, wird von vielen Politikerinnen als sehr grosses Defizit für die persönliche Karriere und für die Erfüllung ihres Amtes beurteilt.»[13]

Aber auch die Parteien haben das ihrige zu den verschiedenen Abwahlen beigetragen. Bei etlichen der ehemaligen Regierungsrätinnen distanzierte sich die Partei sehr klar, indem sie die eigene Frau gar nicht mehr aufstellte oder sie beim zweiten Wahlgang nicht mehr unterstützte. Von den Wahlresultaten her gesehen, mag das zwar nachvollziehbar sein, da die nicht mehr aufgestellten Frauen ein weniger gutes Wahlresultat erzielt hatten als ihre Parteikollegen. Meistens war das Wahlergebnis aber, absolut gesehen, nicht so schlecht, als dass die Chancen im zweiten Wahlgang nicht intakt gewesen wären. Bloss: In der zweiten Runde ist der Frauenbonus eben meistens aufgebraucht, zumal sich neben der Wiederkandidierenden oft noch eine zweite (neue) Frau zur Wahl stellt. Nur nach den Abwahlen von Leni Robert und Stéphanie Mörikofer waren die jeweiligen Kantonsregierungen in der neuen Zusammensetzung rein männlich. In allen anderen Fällen wurde wieder eine Frau gewählt.

Es ist erstaunlich, dass die Frauensolidarität bei den beschriebenen Abwahlen entweder nicht spielte oder kaum ein Thema war. Auf jeden Fall wurde zu wenig unternommen, um den gefährdeten Regierungsrätinnen die Wiederwahl zu sichern. Das hat zum einen damit zu tun, dass Frauen fast schon naiv annehmen, die Frau werde schon wieder gewählt. Bei den bürgerlichen Frauen mag ein weiterer Grund darin liegen, dass ihnen bei aller Sympathie gegenüber einer bürgerlichen Frauenvertretung in der Regierung dieser Faktor zu wenig wichtig ist, als dass sie offen dafür kämpfen und sich durch Aktionen über ihre eigenen Frauenkreise hinaus dafür einsetzen würden. So ist auch auffallend, dass in drei Kantonen die bürgerliche Frau durch eine SP-Regierungsrätin ersetzt wurde.[14] Nur in einem Fall wurde die SP-Frau durch eine FDP-Frau ersetzt, was allerdings nichts mit der Geschlechterfrage zu tun hatte, sondern mit dem Wechsel von einer linksdominierten zu einer wieder bürgerlichen Regierung.[15] Die jüngeren Frauen schliesslich sehen die Notwendigkeit von Frauensolidarität gar nicht mehr. Dazu die ehemalige Bundestagspräsidentin und Frauenförderin Rita Süssmuth: «Frauensolidarität ist oft mehr Wunsch als Wirklichkeit. Immer mehr jüngere Frauen sind der Auffassung, dass die Frauenfrage gelöst sei, dass jede tüchtige Frau politisch über alle Chancen verfüge. Diese Wahrnehmung ändert sich oft erst mit der Familiengründung, der Geburt des ersten Kindes.»[16]

Dass Frauen häufig auch von Frauen von der Wahlliste gestrichen werden und Frauen anderen Frauen gegenüber überkritisch sind, hat verschiedene Ursachen. Ein wichtiger Grund liegt darin, dass die Ressourcen seit Jahrtausenden über die Männer vergeben werden. Frauen haben sich immer wieder am eigenen «schwachen» Geschlecht versündigt, weil sie sich vom «starken» Geschlecht Schutz und Vorteile versprachen. Diese strukturbedingte Entsolidarisierung wirkt bis heute nach.[17] Dazu kommt, dass Frauen nach dem Prinzip «Krabbenkorb» funktionieren: Rangunterschiede, Hierarchien und die Profilierung einzelner Personen werden misstrauisch beäugt. Steigt eine zu hoch, wird sie umgehend heruntergeholt. Männer mit ihrem Hierarchiedenken und ihrer Hackordnung hingegen haben viel weniger Probleme mit Aufsteigern. Aus den genannten Gründen muss eine Frau, die dennoch aufsteigt, ohne Fehl und Tadel sein. Die ehemalige niedersächsische Frauenministerin Waltraud Schoppe hat das so formuliert: «Frauen wollen immer alles an einer Frau akzeptieren können, die an der Spitze steht. Die Position muss stimmen, die Art der Durchsetzung muss stimmen. Sie darf niemandem zeigen, dass sie Lust an Macht hat, das Outfit muss stimmen, sie muss immer verfügbar sein – sie muss gleichzeitig eine von uns sein und oben, wo die Luft dünn ist, etwas durchsetzen können.»[18]

Nach der Abwahl
Auch Frauen trifft eine Abwahl hart, sowohl im ersten Moment als auch noch Monate oder sogar Jahre danach. Wie sie damit umgehen, ist sehr unterschiedlich. Einige der Frauen haben mit der Abwahl gerechnet und sich frühzeitig darauf eingestellt. Anita Rion beispielsweise schrieb sich am Tag ihrer Abwahl an der Universität Freiburg als Studentin

ein. Einige der Frauen deuten in den Interviews darauf hin, dass sie sich nicht mit allen Mitteln und aller Energie für ihre Wiederwahl einsetzten, sondern eine Abwahl als ein nicht allzu grosses Unglück zumindest in Kauf nahmen.

Das «Leben danach», so scheint es, ist für Frauen einfacher als für Männer. Während Männer seit Jahrhunderten auf Karrieren vorbereitet werden und eine Abwahl einer Ächtung gleichkommt, wird einer Frau die Abwahl von einem Grossteil der Bevölkerung eher verziehen. Dieses Verständnis kann allerdings auch etwas Herablassendes und Entwertendes an sich haben. Dann nämlich, wenn eine Abwahl achselzuckend mit den Worten kommentiert wird, das sei ja alles nur halb schlimm, für Frauen gebe es schliesslich andere Erfüllungen als die Politik. Bei der Ungleichbehandlung von gescheiterten politischen Frauen- und Männerkarrieren spielen die Frauen gelegentlich auch selber mit, indem sie ihre Abwahl ganz gelassen, und das nicht nur aus Koketterie, als «keine Katastrophe» bezeichnen oder aber sang- und klanglos im Privatleben verschwinden. In der Meinung, genug für die Öffentlichkeit getan zu haben, geniessen sie die hinzugewonnene freie Zeit ohne den Druck, wieder einer anspruchsvollen Arbeit nachgehen oder sich gegenüber der Öffentlichkeit mit einem neuen prestigeträchtigen Job beweisen zu müssen. Selten in der Rolle der Alleinernährerin, können sie sich diesen Verzicht allerdings auch leisten.

Exekutivpolitikerinnen, die wieder einer befriedigenden Erwerbsarbeit nachgehen wollen, wird die Suche nicht einfach gemacht. Ganz generell – bei Frauen wie bei Männern – ist die Meinung verbreitet, einem ehemaligen Exekutivmitglied der höchsten Stufe habe man auch ausserhalb der Politik eine Arbeit anzubieten, die sich mit der ehemaligen politischen Tätigkeit vergleichen lasse. Unterschiedlich sind indes die Signale, die von abgewählten Männern und Frauen ausgehen. Die Bereitschaft, ins zweite Glied zurückzutreten und sich mit einer Position zufrieden zu geben, die unter ihrem bisherigen «Niveau» liegt, ist bei Frauen bedeutend höher als bei Männern.[19] Nur bietet man ihnen selten die Chance dazu. Ruth Metzler-Arnold, die nach einer Auszeit wieder eine anspruchsvolle Tätigkeit annehmen will, beurteilt ihre Chancen allerdings als intakt, wobei bei einer ehemaligen Bundesrätin die Messlatte natürlich noch höher liegt. Die Tatsache, dass ihr (noch) kein grosses Verwaltungsratsmandat angetragen wurde, erklärt sich Metzler-Arnold mit ihrem Alter: Dafür sei sie zu jung. Allerdings gibt es gute Gegenbeispiele: Nestlé-Verwaltungsratsmitglied Carolina Müller-Möhl etwa ist sogar noch einige Jahre jünger als Ruth Metzler-Arnold. Am Alter allein kann es also nicht liegen, dass ehemaligen Bundesrätinnen oder ehemaligen Chefinnen von Volkswirtschafts- oder Finanzdirektionen keine bedeutenden Verwaltungsratsmandate angeboten werden. Stéphanie Mörikofer, die als FDP-Regierungsrätin das Finanzdepartement geführt hat und der nach ihrer Abwahl auch nie ein interessanteres

Verwaltungsratsmandat angeboten wurde, sieht den Grund schlicht darin, dass man einer Frau und Politikerin die Wirtschafts- und Finanzkompetenz abspricht.

Bei der gewünschten Rückkehr ins Erwerbsleben erweist sich ausserdem das mangelhafte oder mangelhaft gepflegte Netzwerk der Frauen als Bumerang. Sie kennen die entscheidenden Leute zwar aus ihrer Amtszeit, doch sie haben diese Leute zu wenig beachtet. Ein Telefonanruf beim einen oder anderen ist deshalb nicht so selbstverständlich wie für einen Mann. Frauen sind zudem seltener als Männer in der Wirtschafts- und Finanzwelt gross geworden. Das hat sie zwar unabhängiger gemacht, aber diese Unabhängigkeit rächt sich bei der Suche nach einem interessanten beruflichen Wiedereinstieg.

Ein Genre von Arbeit wird den abgewählten Frauen dagegen häufig angeboten: Ehrenämter in gemeinnützigen Organisationen. Ohne deren Bedeutung im Geringsten mindern zu wollen, ist es doch bezeichnend – und entspricht dem traditionellen Rollenbild von Mann und Frau –, dass solche ehrenamtliche Positionen vor allem an Frauen herangetragen und von diesen auch angenommen werden. Abgewählte Männer, die noch im erwerbsfähigen Alter stehen, trifft man dagegen selten in Vorständen und Stiftungsräten solcher Institutionen an.

Vieles deutet darauf hin, dass die Abwahl von Frauen mit der zunehmenden Selbstverständlichkeit, Frauen in Exekutivämter zu wählen, seltener wird. Dennoch ist ein verändertes Verhalten von Frauen in gewissen Punkten unabdingbar. Denn ob in der Berufswelt oder in der politischen Arena, die Spielregeln werden weiterhin von den Männern aufgestellt. Und sie bestimmen, was als gut gilt. Die Männer orientieren sich dabei an männlichen Normen und Werten, die die Frauen längst nicht immer teilen. Mehr noch: Ihr Politikverständnis verunmöglicht es ihnen manchmal schlicht und einfach, gewisse Dinge zu tun, die im gängigen, von Männern geprägten Politsystem Erfolg versprechen. Alice Schwarzer geht sogar noch einen Schritt weiter: «Wie kann eine Frau bestehen in den Männerriegen, ohne sich entweder selbstverleugnerisch anzupassen – oder aber selbsterniedrigend anzubiedern? Zu lange gehörten Frauen einfach nicht dazu, waren sie die Anderen, die Fremden. Und sie sind es noch. Die Spielregeln machen weiterhin die Männer.»[20]

Die grosse Herausforderung für Exekutivpolitikerinnen besteht darin, die anspruchsvolle Gratwanderung zwischen Abgrenzung und Anpassung, zwischen Betroffenheit und Kalkül zu bestehen. Und hier zeigt sich, dass der Spielraum grösser ist als angenommen: Ohne in einen weiblichen Machiavellismus zu verfallen, können Frauen auch einmal Taktik vor Transparenz stellen. Es schadet nichts, wenn sie ihre Erfolge selbstbewusst kommunizieren und sich gegen persönliche Angriffe wehren. Es ist nützlich, wenn sie ihre Netzwerke besser pflegen. Und: Bei aller Sachorientiertheit dürfen sie sich sehr wohl vermehrt um ihre Wiederwahl kümmern. Denn je mehr Frauen in Exekutivämtern sind und bleiben, umso schneller wird es für die Einzelne «normal», in einem solchen Amt zu bestehen. Die übermässige Fokussierung auf die einzelne Frau wird verschwinden – und die enormen Erwartungen an die einzelne Politikerin werden sich reduzieren.

Anmerkungen

Vorwort

[1] Genau genommen wurde Ruth Metzler-Arnold nicht abgewählt, sondern nicht wieder gewählt. Regierungsrätinnen, die zum zweiten Wahlgang nicht angetreten sind, weil sie von der Partei nicht mehr aufgestellt worden sind bzw. selber darauf verzichtet haben, wurden ebenfalls nicht abgewählt. Zugunsten einer besseren Lesbarkeit wird trotzdem immer die Formulierung «abgewählt» verwendet.

[2] Begonnen wird 1984, nicht nur weil dieses Jahr eine neue Legislatur markiert, sondern auch weil es das erste volle Jahr mit einer Regierungsrätin im Amt ist (Hedi Lang).

[3] An dieser Stelle danke ich dem Bundesamt für Statistik / Institut für Politikwissenschaft der Universität Bern für die zur Verfügung gestellten Daten.

Interviews

[4] Auf ausdrücklichen Wunsch von Rita Roos wurde ihre Bundesratskandidatur (1999) in diesem Interview ausgespart.

Kommentar

[5] Women in National Parliaments, www.ipu.org., Stand: Mai 2004.

[6] Marie C. Wilson, Closing the Leadership Gap: Why Women Can and Must Help Run the World, Viking 2004; zitiert nach Ms., 15. Juni 2004, Volume XIV, Nr. 2, S. 15.

[7] Rita Mersmann, Politikerinnen in der medialen Öffentlichkeit. In: Barbara Schaeffer-Hegel (Hg.), Frauen mit Macht, Centaurus-Verlagsgesellschaft,

Pfaffenweiler 1995, S. 222–224.

[8] Anita Fetz, Wege – Pfade durch den Dschungel des öffentlichen Lebens. In: Eidgenössisches Büro für die Gleichstellung (Hg.), Frauen auf dem öffentlichen Parkett, eFeF Verlag, Bern 1995, S. 94–106.

[9] Hannah Arendt, Macht und Gewalt. Piper Verlag, München 2003, S. 45.

[10] Anita Fetz, Zahlen, Daten, Fakten – und ein paar Tricks. In: Eidgenössisches Büro für die Gleichstellung (Hg.), Frauen auf dem öffentlichen Parkett, eFeF Verlag, Bern 1995, S. 47.

[11] Helga Lukoschat, Massnahmen zur Stärkung von Frauen in der Politik. In: Helga Foster, Helga Lukoschat, Barbara Schaeffer-Hegel (Hg.), Die ganze Demokratie – Zur Professionalisierung von Frauen für die Politik, Centaurus-Verlagsgesellschaft, Pfaffenweiler 1998, S. 140.

[12] Ebenda, S. 142.

[13] Ulla Weber, Handlungskompetenzen für Frauen in der Politik. In: Helga Foster, Helga Lukoschat, Barbara Schaeffer-Hegel (Hg.), Die ganze Demokratie – Zur Professionalisierung von Frauen für die Politik, Centaurus-Verlagsgesellschaft, Pfaffenweiler 1998, S. 103.

[14] Auf die CVP-Regierungsrätin Roselyne Crausaz folgte 1991 die SP-Regierungsrätin Ruth Lüthi, Anita Rion (FDP) wurde 2002 durch die Sozialdemokratin Elisabeth Baume-Schneider ersetzt, und auf die CVP-Frau Margrit Fischer folgte 2003 Yvonne Schärli-Gehrig (SP).

[15] Die Sozialdemokratin Odile Montavon wurde im Jahre 1994 durch die Freisinnige Anita Rion ersetzt.

[16] Rita Süssmuth, Weibliche Solidarität über die Fraktionen hinweg. In: Helga Grebing, Karin Junker (Hg.), Frau. Macht. Zukunft, Schüren Verlag, Marburg 2001, S. 220.

[17] Alice Schwarzer, Der grosse Unterschied, Verlag Kiepenheuer & Witsch, Köln 2000, S. 281 f.

[18] Cathrin Kahlweit, Damenwahl – Politikerinnen in Deutschland, Beck'sche Reihe, München 1994, S. 165.

[19] Diese Beobachtung fusst auf Gesprächen mit zwei Partnern eines Executive-Search-Unternehmens, die ungenannt bleiben wollen.

[20] Alice Schwarzer, Alice Schwarzer porträtiert – Vorbilder und Idole, Verlag Kiepenheuer & Witsch, Köln 2003, S. 13 f.

Fotonachweis
S. 16, 62, 76, 112, 138, 154, 170, 180: © Keystone
S. 48, 92, 124: Privatarchiv
S. 34: © Hansueli Trachsel

Anhang

Ehemalige Regierungsrätinnen

Name, Partei und Kanton:	Amtszeit:	Ausgeschieden aufgrund von:
1. Hedi Lang, SP, ZH	1983–1995	Rücktritt
2. Leni Robert-Bächtold, Freie Liste, BE	**1986–1990**	**Abwahl**
3. Roselyne Crausaz Nemeth, CVP FR	**1986–1991**	**Von Partei im zweiten Wahlgang fallen gelassen**
4. Cornelia Füeg-Hitz, FDP, SO	1987–1997	Rücktritt
5. Brigitte Mürner-Gilli, CVP, LU	1987–1999	Rücktritt
6. Margrit Weber-Röllin, CVP, SZ	1988–1996	Rücktritt
7. Veronica Schaller, SP, BS	**1992–2001**	**Abwahl**
8. Dori Schaer-Born, SP, BE	1992–2002	Rücktritt
9. Maria Küchler-Flury, CVP, OW	1992–2004	Rücktritt
10. Odile Montavon-Fricker, Combat socialiste, JU	**1993–1994**	**Abwahl**
11. Stéphanie Mörikofer-Zwez, FDP, AG	**1993–2001**	**Abwahl**
12. Marianne Kleiner-Schläpfer, FDP, AR	1994–2003	Wahl in den Nationalrat
13. Anita Rion, FDP, JU	**1995–2002**	**Abwahl**
14. Ruth Schwerzmann-Müller, FDP, ZG	1995–2002	Rücktritt
15. Ruth Metzler-Arnold, CVP, AI	1996–1999	Wahl in den Bundesrat
16. Vreni Schawalder-Linder, SP, TG	1996–2000	Rücktritt
17. Rita Roos-Niedermann, CVP, SG	**1996–2000**	**Nach schlechtem Ergebnis im ersten Wahlgang auf den zweiten verzichtet**
18. Micheline Calmy-Rey. SP, GE	1997–2002	Wahl in den Bundesrat
19. Francine Jeanprêtre-Borel, SP, VD	**1998–2002**	**Abwahl**
20. Monika Hutter-Häfliger, SP, ZG	1999–2001	Beim Attentat von Zug getötet
21. Margrit Fischer-Willimann, CVP, LU	**1999–2003**	**Von Partei im zweiten Wahlgang fallen gelassen**

Ehemalige Bundesrätinnen

Name, Partei und Kanton:	Amtszeit:	Ausgeschieden aufgrund von:
1. Elisabeth Kopp-Iklé, FDP, ZH	**1984–1989**	**Erzwungener Rücktritt**
2. Ruth Dreifuss, SP, GE	1993–2002	Rücktritt
3. Ruth Metzler-Arnold, CVP, AI	**1999–2003**	**Nicht wieder gewählt**

Quelle: Eidgenössisches Büro für die Gleichstellung von Mann und Frau

Abgewählte Regierungsrätinnen und Regierungsräte 1984–2004

Wahljahr	Kanton	Name	Partei	Geschlecht
2004	SG	Anton Grüninger	CVP	M
2004	UR	Peter Mattli	FDP	M
2004	UR	Oskar Epp	CVP	M
2003	**LU**	**Margrit Fischer**	**CVP**	**F**
2002	**JU**	**Anita Rion**	**FDP**	**F**
2002	**VD**	**Francine Jeanprêtre**	**SP**	**F**
2001	GE	Gérard Ramseyer	FDP	M
2000	**AG**	**Stéphanie Mörikofer**	**FDP**	**F**
2000	**BS**	**Veronica Schaller**	**SP**	**F**
2000	**SG**	**Rita Roos**	**CVP**	**F**
1998	VD	Jean-Jacques Schwaab	SP	M
1998	VD	Josef Zisyadis	PdA	M
1998	ZG	Paul Twerenbold	CVP	M
1998	NW	Robert Geering	FDP	M

Wahljahr	Kanton	Name	Partei	Geschlecht
1997	SO	Peter Hänggi	CVP	M
1996	BS	Christoph Stutz	CVP	M
1994	**JU**	**Odile Montavon**	**Combat socialiste**	**F**
1994	VD	Philippe Pidoux	FDP	M
1994	GL	Jules Landolt	CVP	M
1993	GE	Christian Grobet	Alliance de Gauche	M
1993	JU	Bernard Ziegler	SPS	M
1993	NE	Michel von Wyss	parteilos links-grün	M
1992	BS	Remo Gysin	SPS	M
1992	BS	Peter Facklam	LPS	M
1991	**FR**	**Roselyne Crausaz**	**CVP**	**F**
1991	TI	Rossano Bervini	SPS	M
1990	**BE**	**Leni Robert**	**Freie Liste**	**F**
1990	BE	Benjamin Hofstetter	Freie Liste	M
1987	TI	Fulvio Caccia	CVP	M
1986	ZG	Rudolf Meier	CVP	M
1986	FR	Rémi Brodard	CVP	M
1985	GE	Alain Borner	FDP	M
1984	BL	Hans Schmid	unabhängig (Ex-SP)	M

Copyright Bundesamt für Statistik/Institut für Politikwissenschaft Universität Bern

Bettina Schneider
Kinderspiel
Vom Babywunsch zur Besessenheit

Insemination, In-vitro-Fertilisation, Polkörperdiagnostik, aber auch Luna-Yoga, Fernheilung und Kinesiologie: Bettina Schneider, bei der sich der Kinderwunsch mit 34 gemeldet hat, lässt nichts unversucht. Vier Jahre lang experimentiert sie mit allen möglichen Therapien – und fixiert sich dabei immer mehr auf den Kinderwunsch, bis hin zur Obsession. Immerhin verliert sie dabei nicht ihren Witz und Humor und schildert ihre vierjährige Leidensgeschichte ganz ohne Larmoyanz.

«Ungewollte Kinderlosigkeit hat sich zu einem stillen Volksleiden entwickelt, so häufig wie Diabetes oder Rheuma.»
Martin Spiewak in «Die Zeit», Hamburg

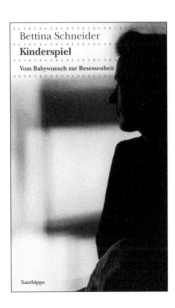

Edition Xanthippe
156 Seiten,
englische Broschur
CHF 34.–, Euro 21.–
ISBN 3 9522868 0 X